Renato, o Russo

Garota FM BOOKS

Edição Garota FM Books
www.garotafm.com.br | contato@garotafm.com.br

Direção editorial: Chris Fuscaldo
Revisão crítica: Carlos Eduardo Lima
Revisão ortográfica: Luciana Barros
Capa: Alex Moraes - Tertúlia Produtos Literários
Diagramação: Lionel Mota

A primeira edição deste livro foi viabilizada através de financiamento coletivo em www.catarse.me/renatoorusso. Direção: Chris Fuscaldo | Assistente: Michelle Godoi | Conteúdo e redes sociais: Yasmin Lisboa | Design: Mari Pereiras | Assessoria de imprensa: Ana Paula Romeiro | Assessoria financeira: Marco Konopacki |

Dados Internacionais de Catalogação na Publicação (CIP)
(Câmara Brasileira do Livro, SP, Brasil)

Mucury, Julliany
Renato, o Russo / Julliany Mucury. -- 1. ed. -- Rio de Janeiro : Garota FM, 2021.

ISBN 978-65-994524-2-0

1. Legião Urbana (Conjunto musical) 2. Músicos - Brasil - Biografia 3. Russo, Renato, 1960-1996 I. Título.

21-77306 CDD-780.920981

Índices para catálogo sistemático:

1. Músicos brasileiros : Biografia e obra 780.920981

Cibele Maria Dias - Bibliotecária - CRB-8/9427

Julliany Mucury

Renato, o Russo

1ª Edição

Garota FM Books

Rio de Janeiro (RJ)
Garota FM Books
2021

nato o Russel Renato o Rousseau Renato o Manfredini Renato o Ca
Renato o Russel Renato o Rousseau Renato o Manfredini Renato o C
o Renato o Russel Renato o Cancionista Renato o Russo Renato o Ru
au Renato o Manfredini Renato o Cancionista Renato o Russo Renat
seau Renato o Manfredini Renato o Cancionista Renato o Russo Ren
o Rousseau Renato o Manfredini Renato o Cancionista Renato o Ru
Renato o Rousseau Renato o Manfredini Renato o Cancionista Rena
seau Renato o Manfredini Renato o Russo Renato o Russel Renato o
fredini Renato o Cancionista Renato o Russo Renato o Russel Renato
o Manfredini Renato o Cancionista Renato o Russo Renato o Russel
enato o Manfredini Renato o Russo Renato o Russel Renato o Manf
nista Renato o Russo Renato o Russel Renato o Rousseau Renato o M
ionista Renato o Russo Renato o Russel Renato o Rousseau Renato o
o Russo Renato o Russel Renato o Manfredini Renato o Cancionista
o Rousseau Renato o Manfredini Renato o Cancionista Renato o Ru
Renato o Rousseau Renato o Manfredini Renato o Cancionista Rena
el Renato o Rousseau Renato o Manfredini Renato o Cancionista Ren
o Russel Renato o Rousseau Renato o Manfredini Renato o Cancion
Renato o Rousseau Renato o Manfredini Renato o Cancionista Rena
el Renato o Rousseau Renato o Manfredini Renato o Cancionista Ren
o Russel Renato o Rousseau Renato o Manfredini Renato o Cancion
Renato o Russel Renato o Rousseau Renato o Manfredini Renato o C
o Renato o Russel Renato o Rousseau Renato o Manfredini Renato o
o Russo Renato o Russel Renato o Rousseau Renato o Manfredini R
ato o Russo Renato o Russel Renato o Rousseau Renato o Manfredini

Nós somos nossos próprios demônios, nós nos expulsamos do paraíso.

Goethe, "Werther", nota 93

enato o Russel Renato o Rousseau Renato o Manfredini Renato o Ca
Renato o Russel Renato o Rousseau Renato o Manfredini Renato o C
o Renato o Russel Renato o Cancionista Renato o Russo Renato o Ru
eau Renato o Manfredini Renato o Cancionista Renato o Russo Rena
seau Renato o Manfredini Renato o Cancionista Renato o Russo Ren
o Rousseau Renato o Manfredini Renato o Cancionista Renato o Ru
Renato o Rousseau Renato o Manfredini Renato o Cancionista Rena
seau Renato o Manfredini Renato o Russo Renato o Russel Renato o
fredini Renato o Cancionista Renato o Russo Renato o Russel Renato
o Manfredini Renato o Cancionista Renato o Russo Renato o Russel
enato o Manfredini Renato o Russo Renato o Russel Renato o Manf
nista Renato o Russo Renato o Russel Renato o Rousseau Renato o M
cionista Renato o Russo Renato o Russel Renato o Rousseau Renato o
o Russo Renato o Russel Renato o Manfredini Renato o Cancionista
o Rousseau Renato o Manfredini Renato o Cancionista Renato o Ru
Renato o Rousseau Renato o Manfredini Renato o Cancionista Rena
el Renato o Rousseau Renato o Manfredini Renato o Cancionista Ren
o Russel Renato o Rousseau Renato o Manfredini Renato o Cancion
Renato o Rousseau Renato o Manfredini Renato o Cancionista Rena
el Renato o Rousseau Renato o Manfredini Renato o Cancionista Ren
o Russel Renato o Rousseau Renato o Manfredini Renato o Cancion
Renato o Russel Renato o Rousseau Renato o Manfredini Renato o
o Renato o Russel Renato o Rousseau Renato o Manfredini Renato o
o Russo Renato o Russel Renato o Rousseau Renato o Manfredini
ato o Russo Renato o Russel Renato o Rousseau Renato o Manfredini

Para Elza.

Renato o Russel Renato o Rousseau Renato o Manfredini Renato o

Renato o Russel Renato o Rousseau Renato o Manfredini Renato o

Renato o Russel Renato o Cancionista Renato o Russo Renato o

Renato o Manfredini Renato o Cancionista Renato o Russo

Renato o Manfredini Renato o Cancionista Renato o Russo

o Rousseau Renato o Manfredini Renato o Cancionista Renato o

Renato o Rousseau Renato o Manfredini Renato o Cancionista

Renato o Manfredini Renato o Russo Renato o Russel Renato o

Renato o Cancionista Renato o Russo Renato o Russel

o Manfredini Renato o Cancionista Renato o Russo Renato o Russel

Renato o Manfredini Renato o Russo Renato o Russel Renato o

Renato o Russo Renato o Russel Renato o Rousseau Renato o

Renato o Russo Renato o Russel Renato o Rousseau Renato o

o Russo Renato o Russel Renato o Manfredini Renato o

o Rousseau Renato o Manfredini Renato o Cancionista Renato o

Renato o Rousseau Renato o Manfredini Renato o Cancionista

Renato o Rousseau Renato o Manfredini Renato o Cancionista

o Russel Renato o Rousseau Renato o Manfredini Renato o

Renato o Rousseau Renato o Manfredini Renato o Cancionista

Renato o Rousseau Renato o Manfredini Renato o Cancionista

o Russel Renato o Rousseau Renato o Manfredini Renato o

Renato o Russel Renato o Rousseau Renato o Manfredini Renato o

o Renato o Russel Renato o Rousseau Renato o Manfredini Renato o

o Russo Renato o Russel Renato o Rousseau Renato o Manfredini

o Russo Renato o Russel Renato o Rousseau Renato o

Renato, o Russo na internet

Acesse a página do livro para assistir a vídeos, ver imagens e ler notícias referentes ao conteúdo. Use o código acima ou vá direto em **www.garotafm.com.br/renatoorusso**

enato o Russel Renato o Rousseau Renato o Manfredini Renato o Ca
Renato o Russel Renato o Rousseau Renato o Manfredini Renato o C
o Renato o Russel Renato o Cancionista Renato o Russo Renato o Ru
eau Renato o Manfredini Renato o Cancionista Renato o Russo Renat
seau Renato o Manfredini Renato o Cancionista Renato o Russo Ren
o Rousseau Renato o Manfredini Renato o Cancionista Renato o Ru
Renato o Rousseau Renato o Manfredini Renato o Cancionista Rena
sseau Renato o Manfredini Renato o Russo Renato o Russel Renato o
fredini Renato o Cancionista Renato o Russo Renato o Russel Renato
o Manfredini Renato o Cancionista Renato o Russo Renato o Russel
enato o Manfredini Renato o Russo Renato o Russel Renato o Manf
onista Renato o Russo Renato o Russel Renato o Rousseau Renato o M
cionista Renato o Russo Renato o Russel Renato o Rousseau Renato o
o Russo Renato o Russel Renato o Manfredini Renato o Cancionista
o Rousseau Renato o Manfredini Renato o Cancionista Renato o Ru
Renato o Rousseau Renato o Manfredini Renato o Cancionista Rena
el Renato o Rousseau Renato o Manfredini Renato o Cancionista Ren
o Russel Renato o Rousseau Renato o Manfredini Renato o Cancion
Renato o Rousseau Renato o Manfredini Renato o Cancionista Rena
el Renato o Rousseau Renato o Manfredini Renato o Cancionista Ren
o Russel Renato o Rousseau Renato o Manfredini Renato o Cancion
Renato o Russel Renato o Rousseau Renato o Manfredini Renato o C
o Renato o Russel Renato o Rousseau Renato o Manfredini Renato
o Russo Renato o Russel Renato o Rousseau Renato o Manfredini R
ato o Russo Renato o Russel Renato o Rousseau Renato o Manfredini

Índice

Prefácio

Por Chris Fuscaldo

Jornalista e biógrafa

"Renato Russo foi poeta?" A pergunta que instigou Julliany Mucury certamente fez o mesmo com muitos pesquisadores antes dela. Poucos tiveram a coragem de encarar a longa jornada a ser percorrida para tentar responder a provocação que, não fosse um certo preconceito contra o pop rock brasileiro, não causaria tanta polêmica. O Brasil quase todo ama ou pelo menos sabe cantar vários dos sucessos de bandas como Legião Urbana, para falar de uma das expoentes do BRock e da que inspirou Julliany neste trabalho. Jornalistas, também. Não à toa três de nós somos autores de biografias consultadas pela pesquisadora durante seus estudos sobre Renaro Russo: Arthur Dapieve com "Renato Russo, o Trovador Solitário"; Carlos Marcelo com "Renato Russo, o filho da revolução"; e eu com "Discobiografia legionária". Já o mundo acadêmico sempre olhou para esse tipo de objeto com um certo desdém. Certamente muitos professores não aceitaram orientar doutorandos que tenham trazido a banda à tona. Este trabalho de Julliany é mérito também de sua orientadora, a corajosa professora Sylvia Cyntrão, especialista em canção, em poesia e em Chico Buarque, esse sim dono da chave que abre portas acadêmicas e ocupa uma cadeira no cânone da música brasileira, lugar onde este livro mostra que Renato Russo também merece estar.

Sinto-me à vontade para falar também sobre esse outro lado do mundo da escrita, porque foi durante o meu doutorado, circulando por esse universo, que conheci essa contemporânea minha a quem aprendi a chamar de Jully. Curiosamente, ela foi uma das poucas acadêmicas que aprenderam a me chamar pelo apelido de infância que meu orientador gosta de usar, "Christininha". Apelidos mostram que há sintonia e a nossa foi imediata. Meu orientador, o corajoso professor decano da PUC-Rio Júlio Diniz, que me incentivou a escrever sobre Zé Ramalho no mestrado e sobre as cantautoras brasileiras no doutorado, integrou a banca de defesa da tese de Julliany, na Universidade de Brasília (UnB), em 2019. Um ano depois, quem estava na banca de defesa de minha tese foi Sylvia, a responsável por me apresentar a sua orientanda em 2017, quando esteve em um evento na PUC-Rio e conheceu o meu trabalho sobre a Legião Urbana. Ponte feita, em 2019 encontrei Julliany na UnB, apresentando um esboço de sua tese em um simpósio do XVI Congresso da Associação Brasileira de Literatura Comparada (ABRALIC).

Entre uma atividade e outra, eu e Jully tomamos um longo café, no qual pude engrossar o coro dos que a incentivavam a tornar esse trabalho acessível aos legionários, ou seja, aos fãs da Legião Urbana que são os verdadeiros responsáveis por manter viva a memória dessa "personagente" que ela reconhece como "cancionista". Foi por eles e para eles que, três anos antes, eu transformei no livro jornalístico "Discobiografia legionária" um trabalho de pesquisa e redação que havia feito para a gravadora EMI Music entre 2008 e 2010. Naquela época, eu não pensava ainda sobre a diferença entre poesia e música – muito menos a chamava de "canção", como passei a fazer depois que li Luiz Tatit, o que também aconteceu com Julliany – e não imaginava o quanto seria importante esse debate para tirar Renato Russo e tantos outros desse lugar menor em que muitos nomes da nossa música são colocados no mundo acadêmico.

Renato Russo foi também poeta, respondo eu depois de ler "Renato, o Russo", nome dado à adaptação da tese de Julliany Mucury –

defendida como "Renato Russo: um eu em colisão consigo mesmo". Sacada genial do jornalista/historiador/doutorando Carlos Eduardo Lima, aqui atuando como revisor crítico, o título "Renato, o Russo" diz tudo: trata-se de um estudo sobre a transformação de Renato Manfredini Jr. no líder da Legião Urbana. De Manfredini a Russo, Renato sonhou, planejou, executou o plano, viveu e cantou a sua história e outras histórias. O livro de Julliany revela que as canções ajudaram Renato Manfredini Jr. a encontrar o seu lugar no mundo – e descobrir sua liberdade de ser – e o acompanharam em suas transformações e vivências, atravessando inclusive a Legião Urbana. Entre elas, a aids, doença que vitimou Renato em 1996. Outra sacada genial foi a de Alex Moraes. Brasiliense como a autora, dono da adorável loja Tertúlia Produtos Literários e das estampas dos objetos que vende lá, ele é o autor da capa do livro, que traz apenas um par de óculos parecidos com aqueles usados por Renato Russo. Confirmando a minha tese infantil de que, para ser intelectual, é preciso usar óculos, o cantor e compositor raramente era visto sem aquela armação quadrada típica de avós que não enxergam de perto.

Renato Russo foi também um biógrafo. Para além dos traços autobiográficos – como "age no terreno das inquietações juvenis", segundo Jully, quando canta o sexo verbal em "Eu sei" ou sofre com a falta de interação humana "em tempos cada vez mais líquidos" em "Por enquanto" – o fundador da Legião Urbana conta histórias. Como um Bob Dylan no Cerrado ("no" porque, nascido no Rio de Janeiro, ele estava em Brasília quando tudo planejou), Renato Russo narra a saga de João de Santo Cristo em "Faroeste caboclo" e o conto de fadas às avessas vivido pelo casal "Eduardo e Mônica". Um adendo: ambas foram compostas em uma craviola Giannini, instrumento de 12 cordas que requer conhecimento mais avançado do que um simples violão, o que mostra que, além de um grande escritor, Renato Russo foi também um bom instrumentista, tendo deixado a prática de lado para fazer bem apenas uma coisa: escrever. Essa história sobre o abandono dos instrumentos é uma curiosidade pouco disseminada, ma confirmada pelo primeiro guitarrista da Legião Urbana, Eduardo Parana hoje conhecido como Kadu Lambach. Ele era fã de Dylan – o biógrafo d "Hurricane" – bem como eu sou. Daí começou minha conexão com su banda ali nos anos 1980. E a abordagem dessa faceta foi um dos ponto que me conquistaram na tese (agora livro) de Jully. Outro ponto que m agrada é o papo sobre o cancionista: mais uma das sacadas geniais da Jull Mas vou evitar comentar todas, porque quero que cada um dos leitore formem sua própria ideia e respondam para si mesmos, para nós e para mundo que precisa saber definitivamente se... "Renato Russo foi poeta?"

Agosto de 2021.

Primeira Parte

Nasce uma banda

Prelúdio da autora

Este livro nasceu em 2009, numa mesa do CCBB Brasília, em que estávamos eu, o poeta Nicolas Behr, o cineasta Vladimir Carvalho e minha futura orientadora Sylvia Helena Cyntrão na noite de autógrafos e lançamento do livro "Renato Russo, o filho da revolução", do jornalista Carlos Marcelo. Estávamos falando sobre Renato e eis que na roda de conversa surge a pergunta: "Renato Russo foi poeta"? No mesmo instante eu e Sylvia percebemos que não era uma resposta simples e daí começou a ser plantada a semente do que viria a ser minha tese de doutorado, defendida em 2019 na Universidade de Brasília (UnB). Nela, eu buscava investigar o sutil vínculo entre os conceitos de literatura e canção, seja na teoria, seja nos momentos em que eles quase se confundem, materializados. A ideia de canção é traiçoeira. Assim como há gente que a define como a mais simples e fundamental das artes, caso da autora norte-irlandesa Ruth Finnegan, no livro "Palavra cantada: ensaios sobre poesia, música e voz" (2008), a canção, tanto sua ideia, como sua materialização, pode ser sutil e elaborada. Afinal de contas, há música, texto, tudo acontecendo simultaneamente e num espaço de tempo que pode ser bem curto. É sobre este conteúdo lírico que vamos falar aqui, da palavra como organismo na letra da canção.

As letras de uma canção podem ultrapassar a barreira do tempo. Também podem ser indicativas de onde e de como elas foram elaboradas. Tais palavras podem e devem assinalar o contexto em que foram produzidas, uma vez que são os valores culturais e as relações sociais que, transformados em poesia, dão uma espécie de carimbo, confirmando que uma determinada canção pode ser um objeto de estudo. Na verdade, a literatura está presente desde o surgimento da canção popular na Idade Média, quando os poemas eram feitos para serem cantados. Mais tarde, durante o Renascimento, os instrumentos musicais foram apartados do canto e da fala. Os trovadores provençais e do norte da França foram os responsáveis pelas primeiras manifestações da poesia lírica.

Em termos de Brasil, ao longo do tempo, não houve autor que se assumisse como poeta e musicista simultaneamente. Apenas no início do século 20 que alguns poetas literários parnasianos como Goulart de Andrade, Hermes Fontes, Olegario Mariano e Álvaro Moreira participaram do cenário da música popular. Orestes Barbosa seria o mais lembrado por suas letras, produzindo nas décadas de 1920 e 1930. É dele o verso "tu pisavas nos astros distraída", da canção "Chão de estrelas" (parceria com Sílvio Caldas), tido por Manuel Bandeira como um dos mais belos versos da língua portuguesa. Com esses poetas reinventando os limites das fronteiras artísticas, foi com Noel Rosa que aconteceu o coroamento deste teor literário na música popular, definindo nesse recorte pré-1960 um espaço de produção de letras de canção que seria lembrado posteriormente por Chico Buarque e Caetano Veloso como um marco.

Augusto de Campos (1968) desperta a atenção da crítica para a sincronicidade estética entre Oswald de Andrade e Caetano Veloso. O primeiro é o responsável pela ideia de "deglutição", que pode ser vista na habilidade de Caetano ao comunicar-se com elementos estéticos tanto da tradição brasileira quanto do rock, combinando palavra e som, de uma forma que se tornou emblemática na Tropicália (CAMPOS, p. 292).

A produção musical brasileira, composta pelos mais diversos gêneros e ritmos, gera vários elementos para análises, tanto sobre a forma e a composição quanto para abordagens sobre seus sentidos e significados. Assim, a Música Popular Brasileira (MPB) se confirma como uma das fontes para estudos mais sérios, por ser um dos gêneros musicais produzidos no país que possui diversas vertentes. Segundo Lauro Meller, "nos séculos XX-XXI, quando se refere às canções, evoca-se principalmente os gêneros surgidos nos centros urbanos desde o final do século XIX e que se consolidaram ao longo do século XX, acompanhando o desenvolvimento do processo de gravação e de difusão do som gravado" (MELLER, 2015, p. 68). Tais canções são identificadas com imagens, comparações, metáforas, antíteses, que lhes concedem uma função poética.

Usaremos neste livro, para nos referir a Renato Russo, um termo que vem dos estudos de Luiz Tatit: "cancionista". Ele serve para definir um artista que habita a zona de produção da letra de canção e também do elemento melódico que a acompanha. Para Tatit, o cancionista é um malabarista, equilibrando melodia no texto e texto na melodia, com tal habilidade que não parece haver esforço:

> Só há habilidade, manha e improviso. Apenas malabarismo. Cantar é uma gestualidade oral, ao mesmo tempo contínua, articulada, tensa e natural, que exige um permanente equilíbrio entre os elementos melódicos, linguísticos, os parâmetros musicais e a entoação coloquial. O cancionista é um gesticulador sinuoso com uma perícia intuitiva muitas vezes metaforizada com a figura do malandro, do apaixonado, do gozador, do oportunista, do lírico, mas sempre um gesticulador que manobra sua oralidade, e cativa, melodicamente, a confiança do ouvinte. (TATIT, 2012, p. 9)

Um bom exemplo de cancionista é Noel Rosa. Na "sua praia", o samba, fez o impossível até então, era tão talentoso e hábil que é difícil compreender as origens de tanta capacidade. Na década de 1920, o samba era a referência principal em nossa cultura, e Noel foi seu grande expoente. O samba, criado no Brasil e com fortes traços das culturas africanas, logo se tornou o ritmo mais representativo da identidade nacional diante do mundo, recebendo, ao longo do tempo, elementos de vários ritmos (polca, maxixe, lundu, xote, entre outros) ao seu batuque. Com o avanço das composições e a adoção do samba pelos festejos do carnaval, logo a classe média carioca e as rádios aceitaram o ritmo, que era visto com preconceito por sua origem, as favelas.

Deste samba nasce, nos anos de 1960, a Bossa Nova, que também trazia outros gêneros e estilos. Ela realizou a fusão de ritmos brasileiros com referências do jazz norte-americano, sobremaneira nas inovações harmônicas e com a utilização de alguns instrumentos presentes neste gênero musical. Essa novidade acabou por criar uma musicalidade brasileira ímpar, com canções versando sobre temas, sejam amorosos, sejam sociais, que universalizavam o nacional. Teve como expoentes os cancionistas Antônio Carlos Jobim, Vinicius de Moraes e João Gilberto. Com Vinicius de Moraes e Tom Jobim compondo os mais conhecidos hits do movimento, junto com as invenções de João Gilberto ao violão, a Bossa Nova promoveu naturalmente o reencontro entre poética e melodia. Cancionistas e intérpretes estavam conscientes de seu movimento, diferenciado, que trazia para o universo musical outras sonoridades e palavras.

Nelson Motta escreve em seu "Noites tropicais" (2009, p. 62) que a Bossa Nova foi perdendo público em meados dos anos 1960, pois as novas gerações estavam mais interessadas na "*beat generation*" americana, nos "*angry young man*" ingleses, na "*nouvelle vague*" francesa e na Revolução Cubana, assim como no Teatro de Arena e no Cinema Novo, estes últimos nacionais. Era um verdadeiro caldeirão de tons e sons. Acompanhando as informações que vinham de fora, foi criado o rock brasileiro, que foi também se transformando ao longo dos anos. Os que ouviram Elvis Presley e Little Richard, ícones iniciais do rock nos EUA, assistiram ao desenvolvimento de um tipo de rock cada vez mais focado nas letras de protesto, a partir da adesão de Bob Dylan à guitarra elétrica, em 1965. Cerca de uma década depois, em meados dos anos 1970, marcado pela predileção por um tom ofensivo e libertário, surgiu o que se chamou de punk rock. Daí não demorou para a influência das bandas europeias, especialmente inglesas, dos meninos raivosos citados por Motta, chegar à juventude brasileira.

As relações políticas e educacionais no Brasil levaram famílias da elite social para o exterior e foi daí que se deu o contato com este novo som. A produção musical que viria a partir desse momento deu origem a uma nova leva de artistas do rock brasileiro, que surgiriam nos anos 1980. Foi o que o jornalista carioca Arthur Dapieve chamou de "BRock".

É neste contexto social e histórico, levando em conta a relação entre música popular e poesia, que estão o legado da Legião Urbana e as composições de Renato Russo. O foco deste livro está nas particularidades deste gênero "diferente" de canção, na sua versão brasileira, dentro do período que se inicia nos anos de 1980. E o sujeito que motiva e guia nossa jornada é um cancionista brasileiro, nascido no Rio de Janeiro, com alma no mundo, Renato Manfredini Junior, filho do bancário Renato Manfredini e da dona de casa Maria do Carmo Manfredini e irmão de Carmem Teresa.

Fiz a leitura crítica de 29 (vinte e nove) letras de canção de autoria exclusiva de Renato, como memórias-presentes, registro de um tempo fluido, crítico, no embalo da mudança da década de 1980 para a de 1990, levando em conta seu projeto poético de criação, no qual é possível perceber a relevância literária de suas canções. É um relato poético-musical que traça um perfil, não só dele, mas de toda uma geração. O coração da minha pesquisa compreende, assim, uma amostra das letras compostas exclusivamente por Renato para a Legião Urbana, que servem para comprovar se o cancionista foi "antena da raça", expressão de Ezra Pound, capaz de traduzir para a linguagem das letras das canções o pensamento e o sentimento de uma juventude vivente no pós-regime militar, que precisou reaprender a pensar o mundo, procurando outras formas artísticas para se expressar.

A Legião Urbana marca oficialmente sua entrada no cenário nacional do rock em 1984, em Brasília, palco fértil para o rock brasileiro. A capital federal, ainda uma cidade em formação, tinha sido fundada por pessoas de várias procedências e que simbolizava promessas de um novo tempo, um novo país. Esta aura envolvia seus habitantes com um sentimento que foi transformado em poesia, efeito da própria cidade e seu sentido. Por isso nela – e mesclada com ela – a canção. A origem da Legião, formada inicialmente por Renato Russo, letrista e vocalista, Dado Villa-Lobos, guitarrista, Renato Rocha, baixista, e Marcelo Bonfá, baterista, vem da banda punk Aborto Elétrico, criada por Renato no fim da década de 1970. André Mueller, na orelha do livro "O diário da turma 1976-1986: a história do rock de Brasília" (2001), de Paulo Marchetti, descreve bem o que foi a primeira banda de Manfredini Jr.: "Volto a Brasília no dia 7 de setembro de 1980 e vejo um ensaio. Fiquei bobo. A comparação com um Pistols brasileiro, um Clash candango, um Public Image do cerrado, um Joy Division do Plano Piloto foi imediata. E olha que essas bandas ainda existiam! E o Aborto estava lá, pau a pau, na energia e no som. E era coisa nossa".

A banda se consolidou no mercado ao longo das décadas de 1980 e 1990, com canções assinadas e interpretadas por Renato, às vezes com coautoria de Bonfá e Dado e algumas parcerias, que mesclam com lirismo a escrita autobiográfica de um sujeito capaz de relatar o momento histórico em que vive. Ela lançou, no período de 1984 a 1997, nove álbuns: "Legião Urbana" (1984), "Dois" (1986), "Que país é este 1978-1987" (1987), "As quatro estações" (1989), "V" (1991), "Música p/ acampamentos" (1992), "O descobrimento do Brasil" (1993), "A tempestade" (1996) e "Uma outra estação" (1997).

A Legião Urbana atingiu um status que foi percebido pela jornalista Nayse López, de "O Globo", em reportagem intitulada "A legião e seus seguidores", de 10 de outubro de 1994, em que ela comentava o show que ocorrera na noite anterior, na casa de shows Metropolitan, no Rio de Janeiro, em cujo fim consta uma crítica de Tom Leão:

> Legião Urbana não faz mais shows. Faz cultos. O que aconteceu neste fim de semana no Metropolitan foi um congraçamento da banda com seus fiéis. Estes não se importaram se o som deixou a desejar e nem com a pedreira que é entrar e sair do Via Parque em noites de espetáculo. Eles só queriam ver Bispo Renato Russo e seus obreiros, que iniciaram a celebração com música clássica e terminaram jogando ramos de flores na plateia. Os maiores momentos de fé aconteceram na abertura, com SERÁ, no módulo acústico que destacou GERAÇÃO COCA-COLA e teve seu ápice na quilométrica FAROESTE CABOCLO, cantada com fervor por todos os presentes. Russo foi embora perguntando QUE PAÍS É ESTE, voltou rapidamente e saiu de cena com seu púlpito em meio a luzes celestiais. Só faltou levitar. E todos disseram ao final: "Aleluia!". (grifos da Nayse López)

Tendo em vista esse relato como exemplo do alcance das letras de Renato, é preciso aprofundar a análise de sua obra para entender as razões que levaram o menino do Rio, criado em Brasília, a se tornar esse ícone pop do rock nacional com traços messiânicos. As perguntas que me fiz foram várias: quais elementos foram explorados por Renato para atingir seus "legionários" de maneira tão próxima? Há mesmo um fenômeno estético em suas composições que facilitou o diálogo direto com a juventude de seu tempo e que permanece? Que fenômeno foi esse? Por que ainda persiste? Que elementos há em suas letras que as tornam atuais?

A adolescência de Renato, vivida em Brasília, certamente é decisiva para a construção de sua identidade. Sua obra é o resultado desta puberdade partilhada com a capital brasileira e às referências do jovem Manfredini Jr. com um grupo de jovens que queriam construir à sua maneira um novo cenário para a música popular brasileira da década de 1980.

A poética nas letras escritas por Renato surge para o leitor/ouvinte como algo familiar, compartilhado. São eles que sustentam a Legião Urbana, mesmo anos depois de seu fim, e que formam um público tão fiel que cunhou o termo "legionários" para si próprios. Não são apenas fãs, mas experimentadores do universo da Legião, estudando as letras das canções e a obra de Renato Russo como fonte de sabedoria. As manifestações destes em sites e redes sociais chegam a reproduzir o valor messiânico atribuído ao líder da Legião Urbana. A necessidade do público se relaciona com a produção de Renato, num processo que o mantém vivo e que o representa.

Há nas composições de Renato o desejo de transcendência, a escrita para todos e nenhum, talvez por isto tão inclusiva. Tendo Chico Buarque como referencial, Luiz Tatit explica em "O cancionista: composição de canções no Brasil" (2012, p. 234) que a profundidade na canção popular "é a condensação de temáticas gerais, difusas e complexas, como solidão, liberdade, amor, num breve espaço de tempo (por volta de três minutos) com ênfase no ponto de vista emocional".

Baudelaire, em "As flores do mal" (1964), traz a poesia lírica para o terreno da multidão, do caos e da mistura típica das massas urbanas, algo recorrente para Renato, cujos personagens são simples e urbanos, um mix em que também cabem violência e caos; reconhecimento e estranhamento do sujeito. E uma ironia fina que vai contra o próprio autor e a forma como escreve as letras e melodias. Isso se manifesta especialmente nos LPs "Legião Urbana", o primeiro, e o "Dois", como o próprio nome entrega, o segundo. Neles, as letras rasgam protesto, amores frustrados, a relação com Brasília e a indignação político-social do cancionista e da banda.

Como leitores/ouvintes e biógrafos de Renato Russo, os jornalistas Arthur Dapieve e Carlos Marcelo são considerados fonte de pesquisa para a biografia do cancionista desde sua formação em Brasília até o auge da Legião Urbana. Enquanto Carlos Marcelo desenvolve longa narrativa sobre a transição de Renato Manfredini Jr. para Renato Russo, Dapieve já apresenta relatos detalhistas sobre a carreira do vocalista da Legião Urbana e as consequências dos shows e das pressões da gravadora sobre o cancionista e seus álbuns, tendo em vista a realidade social do país e seu tempo. O livro de Chris Fuscaldo, "Discobiografia Legionária", também foi primordial para desenhar a trajetória discográfica da banda, acrescentando dados do período histórico em que cada álbum foi gravado e um panorama de como a banda vai modificando sua estrutura ao longo da profissionalização e evolução da sua carreira artística.

Renato Russo mais de uma vez revelou em entrevistas que letra e canção para a Legião Urbana nascem juntas ou separadas, não necessariamente com uma regra ou ordem específicas. Ao revelar a preocupação maior do grupo com composições que dialogassem com o tempo em que surgiram, para além de trazer questões de cunho existencial e do espírito humano, Renato demonstrou um avanço no processo criativo da Legião Urbana, no sentido de encontrar o sentimento de estar no mundo daquele fim de década (1980), momento especialmente marcante para a política brasileira e para os indivíduos que cresceram nos anos dessa "década perdida".

O termo "cancionista" em si já resume a simbiose entre o letrista e o cantor, é o sujeito que não cabe apenas em um aspecto. Esse termo representa o moderno criador de letras de canção que é, ao mesmo tempo músico, poeta, cantor, tudo mixado, ainda levando em conta sua forma de expressar tais aspectos, no caso, a performance. Sem esses elementos não haveria essa mudança para um estágio de culto, no qual a plateia assistia hipnotizada às evoluções do vocalista no palco, em uma espécie de transe catártico, emblema de um tempo para uma juventude carente de símbolos.

Sendo assim, o Renato Russo "messiânico" é produto desta performance ao vivo, devidamente vinculada ao teor e temas de suas letras, uma imagem que se tornou familiar para os fãs e que também apareceu em artigos na imprensa. O cenário dos shows, o figurino e a plateia fascinada faziam parte deste momento mágico, o que torna a performance tão importante para a análise das letras e do próprio Renato como cancionista. Esta junção da performance com o texto é ampliada quando o autor das letras é também o intérprete de suas criações: elas dizem algo mais, o público vê através desta entrega autoral e responde.

Na mitologia grega, Sísifo era considerado o mais astuto de todos os mortais e enganou até a morte. Devido a sua ousadia, recebeu como punição subir uma montanha empurrando uma pedra gigantesca de mármore, a qual rolava ao cabo da missão, que deveria ser sempre reiniciada. Ao longo desse tempo, crê-se que ele aprendeu sobre todos os desafios impostos pela vida; mais que resignação, é o entendimento claro, a clarividência (CAMUS, 2012), a respeito de sua missão e de como executá-la. Assim Renato procedeu, sem jamais expor os efeitos sobre sua aparência da luta contra o HIV. Trabalhou até o fim dos dias para consolidar o registro de sua trajetória, plenamente consciente de seus erros e extravagâncias no terreno das drogas.

O legado artístico de Manfredini Jr. ensina mais sobre aceitação e consciência do que sobre entrega e morte. Ao subir a montanha consciente de sua sina, Renato deixou um rastro que mostra cada etapa da jornada. Do jovem rebelde e engajado ao homem ferido e iluminado pela percepção exata de sua limitação, pela antecipação da morte, exprime no sujeito de cada letra um estado diferente de seus embates. Surge então o ato da vivência na dor, da escrita como forma de lembrança, de entrega, para deixar um relato atemporal inscrito em cada verso.

No trato com as palavras, cuidadoso, calculado, Renato demonstra o que Augusto de Campos revelou em visita à Universidade de Brasília no ano de 2012, em ocasião da semana dedicada ao "Ulisses" (Semana Bloom), de James Joyce. Convidado a fazer uma palestra sobre Finnegans Wake, no Auditório Dois Candangos da Faculdade de Educação, afirmou: "Sem organização não se constrói o edifício poético". Foi dessa forma que o cancionista definiu seus escritos ao longo de cada álbum.

Esta característica é notável quando se analisam os nove álbuns da Legião Urbana de uma só vez. Muitas de suas referências vêm do tempo em que poesia e música coexistiam, antes do Renascimento. As canções de Renato foram feitas para o resgate do valor individual da letra e da melodia, cada uma com existência própria, mas ganhando outro status quando postas juntas. Neste trabalho isolamos a canção de sua melodia (sem desconsiderá-la) e, ainda assim, foi possível constatar sua força poética.

Essa força é caracterizada por um estilo singular, não à toa o compositor principal da banda era tido como um trovador; dono de uma esperança e uma percepção do mundo angustiantes, ele falava da essência de sentimentos comuns a todos os seus, para além de seu tempo, através de um discurso atemporal, em busca da conciliação em meio ao caos. Renato Russo transcendeu o comum. Era mensageiro consciente de várias temáticas em um país carente de referências.

Um nove oito zero – A vez/voz do punk

A década de 1980 foi marcada pela estagnação econômica vivida pela América Latina, quando se viu uma forte retração da produção industrial e um menor crescimento da economia como um todo. Para a maioria dos países, a década de 1980 foi sinônimo de crises econômicas, oscilação de mercados e baixo crescimento do PIB. No Brasil, ela trouxe o final do ciclo de expansão vivido nos anos de 1970, grande desemprego, marasmo na economia e índices de inflação extremamente elevados. Houve então, como consequência, queda do poder de consumo por parte da população.

Por esses e outros motivos, o período de 1980 a 1989 foi marcante para a história do século XX. Nele, houve também o atentado do Riocentro (1981), a revelação dos primeiros casos da Aids no Brasil (1982), as Diretas Já (1984), a morte de Tancredo Neves (1985), a criação da nova Constituição Brasileira (1988) e um dos eventos internacionais de maior repercussão da história: a queda do Muro de Berlim (1989). Todos esses fatos históricos determinaram uma mudança mundial de comportamento e postura crítica. Segundo o ponto de vista dos acontecimentos políticos e sociais, a década de 1980 é vista como o fim da idade industrial e o início da idade da informação.

Esse é também o último suspiro da ditadura militar no Brasil, o fim de um período de horror existencial, em que a inocência dos bailes e do iê-iê-iê da Jovem Guarda é trocada por uma atitude de constante vigilância e pela truculência do Estado, com desaparecimentos e prisões arbitrárias. Tais fatos deram origem a bandas e cantores em carreira solo ligados ao rock, com músicas de protesto e atitudes vanguardistas. Dentro desta nova lógica musical, o punk ressurge com batidas mais pesadas, caracterizando o hardcore. O hard rock, oriundo da eletrificação do blues feita nos anos 1960 por bandas inglesas e americanas, dá origem ao heavy metal e se fragmenta em inúmeras vertentes: *trash metal*, *speed metal*, *black metal* etc. Muitas bandas de rock e pop surgiram nesse período no cenário artístico internacional e também se consolidaram outras que já haviam atingido um público fiel: Dire Straits (1977), A-ha (1982), U2 (1976), The Smiths (1982) e Duran Duran (1978).

Captando essa nova vertente da música pop/rock, no verão de 1982, foi erguida uma lona de circo na praia do Arpoador, no Rio de Janeiro, que durou apenas três meses, mas reuniu o melhor do rock nacional que vinha sendo produzido na época. Era o Circo Voador e por ele passariam algumas das bandas que fariam parte do Rock in Rio em 1985. No Brasil, esse período foi considerado como a "década de ouro" do rock. Bandas de música pop e de rock and roll, como Legião Urbana, Kid Abelha, Ultraje a Rigor, Engenheiros do Hawaii, Titãs, RPM, Paralamas do Sucesso, Camisa de Vênus, Blitz, João Penca, Inimigos do Rei e Barão Vermelho, chegam ao mercado musical, na companhia de Raul Seixas, Rita Lee, Cazuza, Kiko Zambianchi, Leo Jaime e a tríade do Vímana: Lobão, Lulu Santos e Ritchie. Juntos, seriam os responsáveis por levar o rock brasileiro da década de 1970 para a de 1980.

Um fenômeno sociocultural explodia, então, no Brasil, mesmo com o país ainda na ressaca do governo do general Geisel, ocorrido de 1974 a 1979. Havia um lento processo de abertura política, que seria testada com essa circulação de ideias ligadas aos jovens músicos (DAPIEVE, 2000, p. 30). Em 1979, os irmãos Venturini davam asas às canções do 14 Bis e, em 1980, Júlio Barroso causava surpresa com o grupo Gang 90 & As Absurdettes. Acontecia uma ampliação significativa no cenário musical brasileiro. Em Brasília, os jovens fundavam bandas na mesma velocidade em que se formavam as novas turmas da capital. Os grupos reuniam-se e começavam a ensaiar no Brasília Rádio Center e suas apresentações aconteciam no Centro Comercial Gilberto Salomão, no Lago Sul, bairro nobre do Distrito Federal.

Eram filhos de militares e diplomatas que se juntavam com os filhos dos servidores públicos convocados para trabalhar na cidade, meninos e meninas que tinham acesso a discos de vinil raros, em um lugar em que não havia rádios que tocassem o rock de que eles gostavam. As novidades vinham com os novos moradores e nasceram nesse contexto as primeiras formações do Aborto Elétrico e o Blitz 64, ambos com integrantes que depois fundariam a trinca Legião Urbana, Capital Inicial e Plebe Rude. A maturação do rock internacional acontece entre 1960 e 1980, coincidindo com a maturação de Brasília como cidade. E nesses 20 anos a cidade adolescente encontra também uma turma que estava nesta mesma faixa etária, vivendo e querendo ser o rock and roll.

Diferentes cidades do país – como Rio e São Paulo, por exemplo – tinham um cenário underground em formação. As bandas que compunham esse nicho influenciaram o sentimento que já movia a Legião Urbana no Distrito Federal, dentre elas os padrinhos da Legião na EMI no Rio de Janeiro, os Paralamas do Sucesso, acompanhados por Inocentes, Cólera, Psycoze, Ratos de Porão, Coquetel Molotov, Eutanásia, Descarga Suburbana e Kid Abelha e os Abóboras Selvagens. Em meio a essa movimentação, nasceu também a banda João Penca & Seus Miquinhos Amestrados, puro deboche e reflexo do rock de Elvis com baladas de duplo sentido, provando que nem só do discurso de protesto das outras bandas viveria esta safra do rock nacional oitentista. Com integrantes que usavam roupas à 1950 e topetes milimetricamente moldados com brilhantina, os intérpretes do “Papa Umama” rumavam, como o Ultraje a Rigor, para o terreno do humor, conquistando um público que desejava o entretenimento supostamente descompromissado. Com músicas de fácil assimilação, criaram um nicho próprio e seguiram um caminho oposto ao desenhado pelas bandas de cunho rebelde, cujo discurso vinha para afrontar o sistema.

Em entrevista a Celso Araújo, no jornal "Correio Braziliense", em 17 de novembro de 1985, Renato aponta a diferença entre suas composições e as dos demais grupos que apelavam para o discurso jocoso:

> Aqui no Brasil tem muito dessa coisa de humor, da sátira, da ironia e a gente usa a ironia de uma forma diferente. Então é uma coisa, não diria sofisticada porque seria a gente se achar metido a besta e eu acho que a gente é uma banda comum como as outras, mas a gente tem uma coisa diferente. Não é para falar mal de nada, mas, por exemplo, você tem uma música como "Vaquinha Mary Lou e a Galinha Sara Lee" que faz o maior sucesso, todo mundo dança e se diverte e é uma coisa irônica. Agora, a ironia da gente é fazer uma música chamada "Baader-Meinhof blues", é um outro nível, envolve um outro tipo de informação.

Estas bandas formavam o que ficou conhecido como "quarteto sagrado do rock" da década de 1980 no país, expressão cunhada por Dapieve (2000), todas surgindo em 1982: Os Paralamas do Sucesso, um paraibano e dois cariocas (dois dos quais se conheceram em Brasília e depois iniciaram a trajetória no Rio), encabeçados por Herbert Vianna; Titãs, paulistas, uma formação *sui generis* para os padrões desse período, pois era composta por nove integrantes; os cariocas do Barão Vermelho, liderados inicialmente por Cazuza (que depois seguiu em carreira solo) e depois por Frejat; e os "brasilienses" da Legião Urbana, liderados pelo vocalista Renato Russo. A trupe da Legião representava o planalto central aos olhos do Brasil, mas nenhum deles nasceu em Brasília.

Em janeiro de 1985, aconteceu o primeiro Rock in Rio, e duas bandas deste quarteto estavam entre as atrações. Nos dias 15 e 20, o Barão Vermelho marcou presença e, nos dias 13 e 16, foi a vez de Os Paralamas do Sucesso ganharem o imenso palco da Cidade do Rock, com shows históricos. Além delas, outras bandas como Blitz e Kid Abelha também se apresentaram, bem como artistas pioneiros do rock nacional, caso de Erasmo Carlos e do casal que integrara o Novos Baianos nos anos 1970, Baby Consuelo e Pepeu Gomes. Lulu Santos, também com histórico importante no rock brasileiro, foi outro que se apresentou no palco do festival.

Em 18 de novembro de 1985, Cazuza, já em carreira solo, lançou "Exagerado", álbum que marcou o início de uma trajetória emblemática, não só por sua luta pública contra a Aids, mas pelo apelo veemente de suas letras em diversas frentes. Controverso por manifestar abertamente suas ideias e expor sua doença sem pudores, Cazuza lançou-se com suas canções a um outro patamar, com uma poesia corrosiva, marcada pela aversão ao sistema político do país e ao sistema das gravadoras, que queriam impor a ele um ritmo de produção e shows do qual discordava. Havia ainda a presença de um sentimento de mal-estar generalizado, tanto amoroso quanto saudosista.

O ano de 1985 marca também o fim do governo de Figueiredo (1979-1985), último presidente ligado à ditadura militar, e Tancredo Neves faz a breve e histórica estada como primeiro civil após os "anos de chumbo" no Brasil. O presidente que representava a esperança morre no dia 21 de abril de 1985. Somente quando Sarney assume o poder (1985-1990) o rock tem uma ponte direta com o povo. O seu Plano Cruzado, adotado em fevereiro de 1986, trouxe – ainda que de forma passageira – certa ordem na economia e concedeu poder aquisitivo à população, o que alavancou a compra dos LPs de suas bandas favoritas.

Para Muggiati (1981, p. 79), a relação entre música de consumo e tecnologia pode ser resumida da seguinte forma:

Grito + música europeia = blues
Blues + instrumentos europeus = jazz
Blues + piano = boogie-woogie
Blues + guitarra elétrica = rhythm & blues
Rhythm & blues + compacto 45 rpm = rock and roll
Rock and roll + LP = rock

Mais uma vez é renovado o contrato entre o cancionista que quer ser também lido pelo seu público quando fala com ele por meio do encarte. O LP cria uma relação de consumo que revoluciona o modo como o produto era oferecido antes, além de trazer o rock para uma estratégia de mercado. Muggiati ironiza e simplifica uma relação entre os sujeitos e a música que traz muito mais que combinações de elementos que "resultam em" alguma coisa. No entanto, não há como negar que o objeto LP representou uma virada na relação entre fãs e música.

Nesse ano de 1986 aconteceu o recorde de vendas de discos em vários segmentos. No caso do rock, tivemos o "Dois", da Legião Urbana, chegando à marca de 800 mil cópias vendidas; e o RPM (revoluções por minuto) com "Rádio pirata ao vivo", LP que vendeu 2.200.000 cópias. O RPM foi a banda que mais se aproximou do fenômeno mundial da beatlemania, com fãs apaixonadas; e em terras brasileiras mostrou ao BRock uma nova face: a do poder da mídia.

Em 5 de janeiro de 1989, o Ultraje a Rigor testou o fim da censura e lançou o álbum "Crescendo" com uma canção em duas versões, "a versão família intitulava-se 'Filha daquilo...'; a versão sociedade, 'Filha da p...' (abreviação do autor). Oficialmente, a censura acabara pouco tempo antes mas quase todas as emissoras de TV e estações de rádio optaram pela versão família, editada sem palavrões" (DAPIEVE, 1996, p. 113). Os resquícios da ditadura militar ainda estavam presentes, e os artistas descobriram que ainda havia muito a fazer em termos de letras, postura pública e shows. Não havia como desconectar o rock da conjuntura político-econômica brasileira e aconteceu naturalmente: quando caiu o Plano Cruzado, as vendas de LPs foram junto.

Em 1990, Fernando Collor de Mello assumiu o poder. O estilo musical sertanejo ganhou força, abrindo espaço para as duplas, e o rock virou o inimigo a ser combatido (o discurso dos roqueiros soava mais pró-Lula que pró-Collor). De acordo com Dapieve, Lobão endossou esse entendimento ao afirmar que na década de 1990 o rock retrocedeu: "Temos os mesmos entraves do começo, os mesmos inimigos" (1996, p. 203). Nessa década, aconteceram duas perdas fundamentais para o rock brasileiro: em 7 de julho de 1990 morreu Cazuza e, em 11 de outubro de 1996, Renato Russo, ambos cancionistas eternizados como poetas na história do BRock. Para Dapieve (1996), Renato seria o meio-termo entre Cazuza (coração) e Arnaldo Antunes (cérebro puro).

Ao reunirmos as ideias de Cazuza, Renato e Arnaldo em uma só análise, percebe-se claramente a direção de cada um deles, mas os três comungam do fato de terem sido porta-vozes de uma geração guiada pelo som e pela fúria, não aderentes ao sistema que viam constituir o país em que viviam. Não fugiram das mazelas nacionais, muito pelo contrário. Arnaldo experimentou de fato aquilo que Renato registrou em seus cadernos: transcender a música e seu formato. O ex-Titã migrou para a poesia visual, concreta, experimental, artes plásticas, escreveu dezenas de livros (sendo laureado com o Prêmio Jabuti pelo seu "Agora aqui ninguém precisa de si", de 2015) e, junto com outros artistas, fez projetos como o Tribalistas, demarcando uma carreira mutante e cheia de tentáculos criativos que atingem várias vertentes.

Um nove oito quatro – Nasce a Legião Urbana

Nascido no mesmo ano que a cidade de Brasília, 1960, Renato Manfredini Jr. possuía grande repertório de vida e leituras. Aos 7 anos morou nos EUA, aos 9, em Curitiba, e aos 11, seu pai foi finalmente transferido para a capital do país. Com 15, foi diagnosticado com uma condição que o imobilizaria na cama pelo período de dois anos: ele sofria de epifisiólise, um desgaste dos ossos e cartilagens que faz a cabeça do fêmur se descolar da bacia. Muito do que é instigante em sua história começa com a reação que ele teve à doença. Nesse período de sofrimento e tédio, dedicou-se a criar uma banda de rock imaginária, a The 42nd Street Band, compondo o heterônimo do baixista e vocalista Eric Russell.

O nome da banda tinha uma razão de ser: essa rua é famosa nos Estados Unidos por ser reduto, em Nova Iorque, de diversos teatros que, com o período da Grande Depressão, foram transformados em cinemas e casas de shows de striptease, com pontos de vendas de drogas e prostituição por toda parte. Este cenário de decadência urbana da Rua 42 dialoga com o espírito punk, sendo também parte do espírito do movimento *beat* da década de 1950 e do *folk* na década de 1960. No entanto, foi revitalizada pela indústria do cinema na década de 1990 (LOPES, 2011, p. 15).

Renato encheu cadernos e cadernos – em inglês (ele era fluente no idioma e, mais tarde, foi professor da Cultura Inglesa) – com a história desta banda. Esses originais foram transformados em livro pela Companhia das Letras, em 2016, que consiste em um compilado de anotações avulsas de Renato sobre a banda imaginária, com entrevistas, agenda de shows, características dos integrantes e toda a sua trajetória até a separação. Há também as capas dos discos, nomes das canções, turnês mundiais, obras completas de Russell (incluindo roteiros de filmes e peças de teatro). É o plano de uma vida inteira que seria performatizado por Russo muitos anos depois, contando até com um trecho intitulado "detalhes mórbidos", em que cada membro da banda tem o motivo e a data de suas mortes revelados. Eric Russell morreria de câncer de pulmão aos 67 anos (RUSSO, 2016, p. 144).

Nos anos em que esteve em Brasília, Renato pôde acompanhar a abertura política "lenta, segura e gradual" a partir do governo Geisel. A deterioração da economia e o descontentamento geral da sociedade acabaram por causar mudanças na forma de repressão do governo. A turma à qual Manfredini Junior estava ligado ouvia muito punk rock e reunia-se na Colina, quadra habitacional localizada dentro do campus da Universidade de Brasília, e sofria com a repressão e a tal lenta e dolorosa abertura política. O que havia era um constante clima de vigilância, e as bandas que nessa época tocavam pelos gramados do DF extravasavam o sentimento de revolta acumulado ao longo do regime militar com letras ácidas e guitarras estridentes.

Morar em Brasília não era fácil. Hermano Vianna, irmão de Herbert (vocalista dos Paralamas do Sucesso), em um texto sobre o rock local intitulado "Ai de ti, Brasília", publicado no número 1 da revista "Mixtura Moderna", de 1983, descreve a cidade como fria, monótona e depressiva. Conta que morar lá era barra pesada e cita dados estatísticos para seus pensamentos: "É o local, no Brasil, onde ocorrem mais suicídios e onde se consomem mais drogas". Nesse cenário de muito tédio, bandas e shows em todos os cantos, amigos trocavam de grupos musicais assim como mudavam as roupas punks que vestiam, de maneira que se vivia uma "promiscuidade" criativa em Brasília, e a "cena" punk rock instaurou-se definitivamente.

Nesse cenário surgiu a necessidade de escrever letras sobre Brasília, sobre o Brasil e seu tempo. Isolados do resto do país, os meninos da capital acreditavam que eram os únicos punks. Só depois descobririam Coquetel Molotov, Ratos de Porão e Cólera. Vivendo a ilusão de serem mais punks que os outros, esses jovens formaram várias bandas e músicos nesta época. Há três importantes referências sobre outra cena punk nacional que também acontecia no Distrito Federal nesse período, denominada hardcore: um documentário de André Tótors, disponível no YouTube, "Resistência hardcore" (2018); o livro "Esfolando ouvidos", de Evandro Vieira; e outro documentário, "Geração Baré-Cola – usuários do rock", de Patrick Grosner, lançado em DVD. São relatos que apresentam personagens fundamentais para a formação de mais um dos nichos do rock, sendo que o hardcore desenhou outro caminho para o som que o jovem queria expressar neste tempo e ia de encontro ao que Paralamas do Sucesso e Legião Urbana faziam, trazendo algumas bandas que atuaram a partir dessa década (em alguns casos, até hoje): D.F.C., Os Cabeloduro, Filhos de Mengele, Deceivers, entre outras.

Por Brasília ser uma cidade aglomeradora, com a Unicef e as embaixadas vivendo nas asas do Plano Piloto, a turma em que Renato formou seu ideário tinha acesso não só aos poucos discos punks que chegavam ao país, como também a um arsenal de publicações especializadas. Como professor da Cultura Inglesa, ele conseguiu que a biblioteca da escola de idiomas assinasse a publicação inglesa "Melody maker" e, como amigo de filhos de embaixadores que era, obteve acesso aos discos recém-lançados dos punks ingleses. Aos 19, em 1978, já recuperado da doença, Renato dava os primeiros passos para realizar os projetos que detalhara em seus rascunhos, com a banda Aborto Elétrico. No circuito brasiliense tocavam as bandas Blitx 64, XXX, Vigaristas de Istambul, Diamante Cor-de-rosa, Angra 2 e Dado e o Reino Animal. Como registrado por Marcelo José Domingos (2005, p. 47), "a partir deste núcleo de músicos, criou-se uma cena musical respeitável; dizia-se que entre os anos de 1985 e 1987 a cidade contava com 200 bandas de estilos variados". Foi no bar Taverna, na 103 Sul (superquadra do Plano Piloto), que Renato conheceu André Pretorius, filho de um diplomata sul-africano, e, com Fê Lemos, os três encarnariam uma banda cujo nome era um flagrante da violência na época, segundo declarações do próprio Renato (ASSAD, 2000, p. 20):

> O nome Aborto Elétrico é justamente porque eles inventaram, em 68, os cassetetes elétricos que davam choque. Numa dessas batidas, uma menina que estava grávida, nada a ver com a história, levou uma tal daquelas cacetadas e perdeu a criança! Coisa de mau gosto! Então, Aborto Elétrico era o que representava a música da gente. Agora, a repressão existia em vários níveis, em todos os lugares. Tinha de se ter muito cuidado com o que se falava — não podia falar mal do governo, nada. Nem bzzzzzzz.

Fê Lemos tem outra versão para o nome da banda. "A gente tava na Colina sentado no chão, pensando qual ia ser o nome da nossa banda. Eu tava com um negócio de elétrico na cabeça e alguém falou 'tijolo elétrico'. Aí o André Pretorius falou: 'Não. Aborto Elétrico'", recorda Fê em entrevista. Segundo ele, a versão de que o nome da banda é por causa do cassetete elétrico, usado pela polícia de Brasília em atos de repressão, não é verdadeira. O Aborto Elétrico continuou com Renato Russo, Fê Lemos e Flávio Lemos, após a ida de Pretorius para a África do Sul. Após várias brigas com Fê, em 1982 Renato iniciou um período solo, com o nome artístico de Trovador Solitário. Foi nesse tempo em que se apresentou sozinho, usando só voz e violão, que ele compôs "Eduardo e Mônica" e "Faroeste caboclo".

É neste momento específico da trajetória de Russo que pode ser percebida a importância da poesia atrelada à melodia. Adriana Calcanhotto registra na sua fala inicial do documentário "Palavra (en) cantada" que busca justamente mostrar a relação entre letra e música. Russo não adotou o personagem do trovador à toa. Ele quis afirmar sua intenção de ter tanto cuidado com a letra quanto com a melodia, em uma lógica que privilegia o sentido da canção, música e letra, juntas, no mesmo contexto. Ao conduzir suas apresentações apenas acompanhado do violão, o cancionista reafirma o poder da palavra, do verso elaborado, que não precisaria de companhia de muitos instrumentos para surtir efeito.

Deixando esse rastro visível em sua trajetória, Renato Russo resolveu montar uma banda com Marcelo Bonfá e, assim, composta inicialmente pelos dois, com Eduardo Paraná na guitarra e Paulo Paulista no teclado, nasceu a Legião Urbana. Quando Sid Vicious morreu, o Sex Pistols acabou e John Lydon fez o Public Image, Renato revela ter encontrado seu norte como músico e compositor. E assim transcorreu na capital a ascensão e queda do Aborto Elétrico e esse vaivém de integrantes é que determinou o nome Legião Urbana, pois a ideia inicial de Russo e Bonfá era criar uma banda que não tivesse membros fixos, por isso o termo "legião", acompanhado pela explicação do recorte geográfico: urbana. Paraná, hoje conhecido no meio legionário como Kadu Lambach, e Paulo saíram da banda, entrando Ico Ouro Preto na guitarra, que logo foi substituído por Dado Villa-Lobos (em abril de 1983). Esse trio da Legião começou a ser conhecido no Brasil, tocou no Circo Voador, no Rio de Janeiro, com Lobão e Capital Inicial (banda para a qual seguiu Fê Lemos), e, em 1984, Renato Rocha assumiu o baixo, fechando o quarteto.

Com essa formação consolidada, a Legião assinou com a EMI-Odeon, com a ajuda dos Paralamas do Sucesso, que levaram uma fita demo dela para a gravadora com a qual já tinham contrato. O grupo lança seu primeiro disco: "Legião Urbana". Antes de fechar o repertório, Fê Lemos e Renato Russo dividiram da seguinte maneira as canções do Aborto Elétrico: a Legião Urbana herdou "Geração Coca-

-Cola", "Que país é este", "Conexão" e "Tédio", e o Capital: "Música urbana", "Veraneio vascaína" e "Fátima". As primeiras composições assinadas pela persona criada por Manfredini Jr. já traziam o espírito contestador do punk-rock. Assim, "Geração Coca-Cola" e "Tédio" foram compostas com a marca da expressão crítica a todo o contexto falho e ditatorial em que essa juventude crescia, parte de um sistema de domesticação das massas, cheio de lugares-comuns, banalidades e brutal pelo poderio econômico que determinava os modelos de sucesso e prosperidade. O *american way of life* é o caminho do capitalismo e do consumo desenfreado, desumanizante e padronizado, como explica Adorno (2002) quando escreve sobre a indústria cultural e a sociedade contemporânea.

Os tempos eram favoráveis a letras capazes de abrir uma linha direta com o coração dos jovens, que se reconheciam em canções como "Tédio". Aparentemente inofensiva, é o retrato da juventude que povoava a cidade de Brasília nesse período, cheia de largos terrenos cobertos de poeira e ensaios de gramado entre os pilotis, espaços nos quais aconteciam os encontros das turmas, os shows das bandas locais e onde tinha início essa relação com a cidade. Esses foram os pioneiros das principais bandas de rock que vieram a se consolidar no mercado com a ida para o eixo Rio-São Paulo. Havia uma diferenciação entre o som produzido no Plano Piloto e o advindo das cidades-satélite: os adolescentes que vagavam com "Tédio" pelas quadras do avião eram bem distantes dos que viviam "fora das asas". Eles eram da elite intelectualizada, estudantes da escola americana e filhos de diplomatas e funcionários públicos.

Ao longo da carreira, a Legião Urbana lançou 13 álbuns, somando aproximadamente 25 milhões de discos vendidos, segundo informações fornecidas por um membro remanescente da banda. Suas canções emblemáticas tornaram-se representantes de uma geração marcada por referências múltiplas e pelo fim da ditadura militar. A Legião Urbana não tinha apenas a influência punk do início do movimento brasiliense. O seu som tinha influência do folk, rock inglês, pop e pós-punk – uma ramificação do punk rock, porém, mais lento, mais trabalhado, melódico e, muitas vezes, mais depressivo (AVILA, 2008, p. 17). Inspirava-se principalmente em bandas como The Smiths, The Cure e Joy Division. Essas formações, carregadas de melancolia, vinham com canções marcadas por uma rebeldia mais triste, sombria e solitária. Nas letras, muitas vezes pessimistas, um lirismo que representava muito bem o sentimento dos jovens da época.

O pós-punk era um movimento ainda disforme, mas suas letras, além de pessimistas, tinham o intuito de gerar mudanças, provando que, nas palavras de Giddens (1991, p. 45), "as práticas sociais são constantemente examinadas e reformadas à luz das informações recebidas sobre aquelas próprias práticas, alterando, assim, constitutivamente, seu caráter". Deste modo, as letras produzidas aqui recebiam estas influências do pós-punk europeu, que eram adaptadas para uma época de conflito e absurdo, a ditadura militar. Com censura e repressão, o solo fértil estava pronto.

Dapieve, em seu "BRock – o rock brasileiro dos anos 80", divide em três grupos os músicos dessa década: em um primeiro ele traça um cenário mais detalhado sobre as bandas Legião Urbana, Titãs e Paralamas do Sucesso, tidas como as mais importantes desse tempo; no segundo, retrata as contribuições de Kid Abelha e Capital Inicial; e no terceiro, bandas que tiveram seus momentos, como Dr. Silvana, Metrô etc. Essa geração vinha como "um corte proposital em relação à MPB, era a valorização da juventude nos anos 80", diz Renato Russo (DAPIEVE, 1996). Um estilo cujas músicas eram feitas por jovens homens brancos de classe média alta para seus pares, membros de uma elite sofisticada, bem informada sobre os rumos do rock e insatisfeita com os descaminhos da música. Dele participaram apenas uma "mulher vocalista – Paula Toller – e um negro e proletário – Clemente (da banda Os Inocentes)" (DAPIEVE, 1996, p. 195).

Há um registro importante de Clemente a respeito da visão que os punks da cena mais underground e periférica tinham da Legião Urbana, em entrevista registrada na revista "Superinteressante": "7 histórias pouco conhecidas de Renato Russo. Conheça as facetas polêmicas, sensíveis e até cômicas do líder da Legião Urbana, que morreu em 1996", de autoria de Felipe van Deursen. Os Inocentes foi uma das primeiras e mais importantes bandas de punk rock brasileiras, criada em 1981 por ex-integrantes de duas formações da periferia de São Paulo, o Restos de Nada e o Condutores de Cadáver:

> O movimento punk, não só pro Renato, mas para todo mundo de Brasília, era coisa de amigos. Em São Paulo, era coisa de gangue. Lembro que, na época, o Dado Villa-Lobos apareceu no bar em frente ao *(bar punk)* Napalm. Meu, todo mundo parou de conversar e olhou pra ele querendo dar porrada. Tive de pular na frente e falar: "Calma, gente, ele está comigo!". Naquela época, se você viesse a São Paulo, ia ver os punks de um lado, do outro os metaleiros e também os *new waves*. Era tribo mesmo, não tinha nada misturado. Era treta mesmo, droga rolando, gente se picando, era tudo de verdade. Entre nós e o pessoal de Brasília, ficaram claras várias diferenças. Quando a gente via os shows da Legião Urbana, naquela época, tinha um certo choque de propostas. O pessoal todo que vinha de Brasília tinha outra vida, eram pessoas que já haviam morado fora do país. E nós éramos um bando de moleques de periferia, eu passava às vezes duas semanas sem aparecer em casa, enquanto aquele pessoal já tinha mais estrutura familiar. Claro que muita gente daqui olhava para a Legião com nariz torcido, nem tinha como ser diferente.

As diferenças entre as cenas punk ultrapassavam as classes sociais. O espírito e as propostas de cada banda estavam muito bem delimitados.

Renato tinha uma ideia muito clara do que queria fazer e aonde queria chegar com seu projeto artístico e era um pequeno burguês que cresceu com recortes de Nova Iorque e viagens no bolso. O Renato Russo líder da banda Legião Urbana já era conscientemente diferente do menino Manfredini. Muitos relatos revelam que o homem público se distanciava do tímido e focado homem privado. No palco, Renato assumia outra dimensão, seu corpo e suas vestes brancas, com mangas bufantes, lembravam o estilo do trovador solitário que ele já incorporara. Quando em ação como vocalista da Legião, o que se via era uma performance voltada para a troca com o outro. Estava presente a divisão entre o Renato público e o privado. Numa entrevista a Hagamenon Brito, para o jornal "A Tarde", de Salvador, em 26 de fevereiro de 1988, Renato declarou:

> BRITO: Você é considerado o maior letrista da MPB, como bate o ego?
> RUSSO: Eu não sei. Renato Russo é um personagem, né? Ele que pense alguma coisa sobre o assunto... Estou brincando. Minha vida continua normal e eu não me considero ainda um grande letrista.

Desde a época em que criou sua banda imaginária, Renato já sabia que não seguiria um roteiro original como performer. Aos poucos amigos próximos e íntimos, Renato Jr. deixava a certeza da palavra de honra, da amizade duradoura. Já para o show business, ele surgia atrevido, por vezes ousado nas declarações sobre a superioridade de suas composições e da banda. Na entrevista à MTV, que foi lançada em DVD, composta por três encontros com Renato Russo (março de 1993, março de 1994 e maio de 1994), somando 142 minutos, ele ri da comparação da mídia da letra de "Há tempos" com a estética da poesia de Olavo Bilac e fala da já assumida homossexualidade e do mergulho no álcool e nas drogas, comemorando a própria recuperação. Ele derruba os limites entre a pessoa e a persona, afirmando que as suas letras partem das vivências da banda, de suas próprias vivências e diz não haver mistério, ou glamour, no significado de ser Legião Urbana, ser Renato Russo. Mais um capítulo elaborado da "persona-não-persona" criada por Renato.

Nessa mesma entrevista concedida à MTV, logo na primeira resposta, ele define a Legião Urbana como "um conjunto musical brasileiro, resultado de uma juventude inserida em uma experiência urbana a partir dos anos de 1970". Para ele, o trabalho da Legião incorpora uma série de coisas "bem brasileiras": um traço romântico muito forte, um traço narrativo muito forte e, na batida, o quatro por quatro, muito presente no Brasil. Após revelar essas facetas, declara que eles começaram imitando as bandas inglesas mesmo. Irritado com a condução, Renato, o Russo, diz que as perguntas são difíceis, que a Legião "é só um conjunto de rock", ponto em que é indagado pelo jornalista, e resolve refazer suas respostas. Então, vê-se um dueto autor/persona que define as letras da banda como o diferencial que a fez alcançar o ponto em que chegou, como ícone, referência, por falarem "da gente". Ele declara que, até o álbum "O descobrimento do Brasil", as letras falam de coisas que ele e os amigos viveram de fato, o que os tornam reais e sinceros diante do público.

Curioso sobre esse reconhecimento que sua poesia produz, Renato diz que gostaria de saber se Bob Dylan vive o que escreve, por ele mesmo se reconhecer nas composições de Dylan. Isso dá ao leitor/ouvinte da Legião Urbana uma certeza a respeito das intenções do autor, visto que o líder e vocalista da banda afirma ser muito do que escreve. Ao comprovar essa escrita autoral, Renato reforça a identificação do leitor/ouvinte com sua produção, fortalecendo o vínculo entre suas intenções e as do leitor quando percebem que a poesia é um elo entre suas pessoas, embora por vezes representados pelas personas.

A ausência desse limite entre ficção e realidade chama a atenção. É ela que define a ocultação da verdade ou mesmo a mentira. É quando o cancionista dialoga com outros textos, com outras fontes, para "revelar-se sem se revelar", impondo a segurança da paráfrase, fazendo com que o autor seja poupado, ganhando novo sentido na persona, que receberá o reconhecimento. Truque bem empregado? Ele afirma que o álbum "As quatro estações" é lírico e lindo em contraponto a "Que país é este 1978-1987", o "pesadão". Que a Era Collor e a negatividade fizeram parte de seu processo criativo e que, ao mesmo tempo, fala de si para o mundo. Essa sinceridade mostra que Renato era um autor extremamente consciente de sua composição poética e sabia bem como usá-la para atingir o público. Dá para dizer que o leitor/ouvinte-ideal dele refletia sua visão de mundo: em um mesmo dia têm-se o nascer do sol, o entardecer, o pôr do sol e a noite. Seu alvo é este ser que vive as diferenças e os paradoxos de um tour completo pelas fases do dia, da vida.

Tal visão permite atingir um público maior, noção mercadológica que não escapava da visão do autor. Para o jornalista Sérgio Martins, em matéria intitulada "Riqueza de repertório", publicada na edição 2.277 da revista "Veja", em julho de 2012, há uma "estirpe de letristas do rock que têm o dom de conferir às suas criações inteligência literária e expressividade imagística", referindo-se ao último álbum de uma personagem presente desde o movimento punk no cenário do rock, a cantora e compositora americana Patti Smith. Na matéria, Martins pontua também Bob Dylan como dono das mesmas qualidades, que "se costumam resumir na palavra 'poesia'". O propósito de firmar Renato Manfredini Jr. como um cancionista participante dessa linhagem mencionada por Martins é encontrar em sua produção esses elementos e a partir de suas canções perceber o universo de suas metáforas, a exposição de seus pensamentos e impressões sobre o mundo, os seres, a vida, o eu em si, a grande imagem que define suas letras poéticas, seu trato com as palavras, enfim, o que há de estético na sua linguagem.

Renato disse em uma de suas entrevistas à "Revista da Folha" que a medição do sucesso da Legião Urbana seria quando, "velhinho", ele visse suas composições transformadas em musak (música de elevador). Essa é uma declaração de humildade presumida, dita por um cancionista que se preocupava bastante com referências e conteúdo, dizendo que estaria satisfeito em se tornar autor de música ambiente. Tal fato é notável pela dificuldade de finalizar os álbuns em estúdio e na quantidade de regravações a que Renato se impunha quando dispunha de saúde para tanto. Ele era comprometido com o que fazia, e seu plano já estava traçado desde a fictícia The 42nd Street Band. Não há como "comprar" essa faceta confortável de um dos artistas mais críticos consigo mesmo do BRock.

Segunda Parte

Renato, o cancionista

Eis-me aqui: Renato Russo, o cancionista

Renato Manfredini Jr. cria Renato Russo como "personagente" (adotaremos aqui esta nomenclatura por acreditar que ela se aproxima mais do que Renato Russo significou de fato), para dialogar com sua formação poético-musical desde o tempo em que teve sua mobilidade comprometida, já morador de Brasília. "Personagente" é uma terminologia que Paulo Rónai usa na apresentação dos escritos de Guimarães Rosa, em "Primeiras estórias", definindo algo mais que personagem, menos que protagonista. Rónai acaba por definir o que seria Renato Russo para Manfredini Jr. ou, ainda, como se referir a esse sujeito diferente, mas que não seria um heterônimo de Manfredini Jr., mas talvez algo mais próximo de um pseudônimo.

A criação de uma persona, de um personagem, de um outro para fins de criação de uma obra, sem que haja confusão entre eles, é algo complicado. Às vezes, nem é essa a intenção do autor, talvez ele deseje deixar rastros, deixar seu público com uma dúvida proposital. Nestes termos, há a intenção de Renato Manfredini Jr. em inscrever, para além de suas letras de canção, o Renato Russo, persona que arcava com o ônus e bônus da fama diante de uma sociedade sedenta por espetáculo, por performance. Manfredini Jr. confere a Russo a forma de um cancionista que "não é poeta", ao mesmo tempo em que escreve com sensibilidade e planejamento milimétrico. Neste jogo de intenções fica claro que a criação/presença de Russo deu a Renato a liberdade de viver e ser quem era de fato.

Como já vimos, aos 15 anos, já em Brasília, Renato Manfredini Júnior foi diagnosticado com epifisiólise. Para ocupar a mente e o tempo, ele registra em um caderno a história da banda The 42nd Street Band, já com o heterônimo do baixista e vocalista Eric Russell, que inspirou o pseudônimo de Manfredini Jr. Foram muitos cadernos escritos em inglês com a história da banda e de seu alter ego. Um detalhe curioso é que o nome artístico de Renato também vinha com outra máscara: quatro anos mais novo que Manfredini Jr., conforme revelado por seu biógrafo, Arthur Dapieve, na apresentação do livro "Depois do fim, vida, amor e morte nas canções da Legião Urbana", das autoras Angélica Castilho e Erica Schlude: "Quando Renato e os outros membros da Legião Urbana se mudaram de Brasília para o Rio de Janeiro, o cantor da banda era anunciado nas entrevistas como sendo quatro anos mais novo do que Renato Manfredini Jr. Com o tempo, no entanto, e isso foi algo que escapou ao seu controle e de certa forma o angustiou, ambos acabaram por se confundir na mídia e nos fã-clubes" (CASTILHO; SCHLUDE, 2002, p. 13).

Separar identidades para construir um outro, sendo este um duplo de si mesmo, é uma tarefa possível no âmbito da escrita. A responsabilidade por ela e pela resposta pertence a ele. Reautorar é via de ida e volta de si mesmo, aquele que lê o faz também enquanto escreve, num efeito de looping que pode ser, como disse Umberto Eco, no seu livro "Os limites da interpretação" (1990), tridimensionado: há a intenção do autor, a intenção do leitor e a intenção do texto.

Nossa visão aqui dialoga mais com a percepção de que o "autor se apossa da personagem". Neste modelo de interação entre autor e personagem, este último por vezes é o boneco do ventrículo, imagem que mostra a passagem da voz e do pensamento do autor para a personagem. Mais que isso, no duo Russo-Manfredini Jr., esses papéis podem se inverter, não garantindo mais quem é o ventríloquo e quem é o boneco. Cabe ao texto, ao que é dito, à interação com o leitor/ouvinte, na outra margem, essa percepção.

O resultado deste denso trabalho de Renato com a palavra fica evidente quando visto como um todo no conjunto de suas letras, mas, principalmente, no último álbum, "A tempestade ou O livro dos dias". Tido como confessional, autobiográfico e até mesmo como um rito de passagem, como carta de despedida, o disco não apresenta as tradicionais frases dos encartes anteriores. No lugar dos dizeres que acompanharam quase todos os encartes ou contracapas dos álbuns da Legião Urbana ("*Urbana Legio omnia vincit*" e "Ouça no volume máximo"), há neste uma frase do livro "Serafim Ponte Grande", de Oswald de Andrade: "O Brasil é uma república federativa cheia de árvores e gente dizendo adeus". Não podia ser mais revelador do que se veria adiante e Renato temia que essa fosse a última obra que lançaria, o que explica a relação do título com a última obra de um dos escritores de que mais gostava, William Shakespeare, homônima. Nas 15 canções, temos um mix de temas que vai da banalidade do cotidiano à melancolia da despedida amorosa. A fronteira entre autor e persona sofre aqui uma fissura intencional.

Este é o tom de todo o projeto de "A tempestade", que culmina com "O livro dos dias", canção final do álbum: "Não esconda tristeza de mim / Todos se afastam quando o mundo está errado". O sujeito solitário e fragilizado pede que o outro não esconda dele a verdade, nem que se afaste. "Errado" e "erro" aparecem na sequência dos versos mostrando que há a percepção do ato, da falha que pede socorro, pede resposta.

Conforme Adail Sobral (SOBRAL, *in* NUTO, 2016, p. 45), "tudo isso mostra que o foco é o autor, seja o autor como a pessoa do autor ou o autor-criador. O senso comum diz que 'Saramago escreveu que...' E ele de fato escreveu. Mas essa escrita, essa inscrição, em termos literários, vem do autor-criador, dessa personagem de si mesmo que o autor-pessoa cria e que passa a falar em seu nome". Russo fala em nome de Júnior, persona-máscara autoral criada para este fim, alegoria da autoria.

Eliana Yunes explora o sentido de persona, quando diz que o indivíduo projeta uma imagem sempre que se comunica, de maneira verbal ou não verbal. Os gestos, palavras, silêncios "falam" das pessoas e por elas, além do que verbalizam. Esse ato ocorre naturalmente pois, por mais que se tente, não é possível enganar a todos por muito tempo, nem a si mesmo:

> A palavra pessoa vem de persona, máscara do teatro grego por cujos orifícios voavam as vozes dos autores, os sentimentos expressos pelo rosto desapareciam na distância entre a arena e as arquibancadas onde havia uma acústica sofisticada e as vozes vinham atrás das máscaras, soavam por elas (per-sonare) e falam do que vinha dos corações, dos sentimentos, dos pensamentos "ocultos". É importante que o dom da voz tenha algum conhecimento sobre ela, pois a boca fala do que o coração está cheio, mesmo que usemos máscaras: "Quem vê cara não vê coração", diz um ditado popular. (YUNES, 2009, p. 30)

É bom lembrar que a persona de Renato tinha consciência do seu poder como ícone de uma geração. Ao longo dos anos, seu discurso nos shows mudou, sua aparição fica mais dura; é a prova de que o eu interage com o outro, retraindo e expandido o conteúdo poético na medida em que ele é lançado.

A criação de Russo por Manfredini Jr. constituiu o sentido do que Mikhail Bakhtin define como acabamento, um precisando do outro para ser acabado, vivendo uma existência compartilhada, ainda que notadamente diferente. Não há uma confusão direta quando analisamos a vida e obra de Renato, há um distanciamento desse autor-criador em relação ao autor que vivencia as experiências. Ainda assim, o mistério que ronda esta fronteira, esta distinção entre ambos, é que gera e alimenta o caráter messiânico, mitológico, que foi sendo erguido pelos fãs em torno da composição de Russo. Para os fãs do cancionista, muitas de suas composições exerciam influência sobre suas vidas, trazendo certa ordem e sentido para o que eles julgavam ser o real.

Tudo ocorre no âmbito das letras das canções. Essa relação do eu com o tu e vice-versa, responsável pela escrita e pela resposta, gera a ironia evocada com os versos da canção dos Bee Gees: "I started a joke / Which started the whole world crying / But I didn't see / That the joke was on me". Russo e Junior não se opõem porque não há, entre legionários e seu "profeta", a separação entre persona e pessoa. Este deslocamento do que seja sagrado na visão ocidental e judaico-cristã, para um ídolo do rock and roll é a total realização da contracultura, algo típico das sociedades do século XX em diante. Como previra Marshall McLuhan (1964, p. 19), "uma das características de nosso tempo é a rebelião contra os padrões impostos".

No palco subversivo deste espaço literário/não literário no qual estão as letras das canções, a construção desse personagem histórico-musical-mercadológico continua sendo feita pelo público, leitor/ouvinte empírico que é deste "personagente" Russo/Manfredini Jr., cuja morte apenas coroou seu intento e trouxe paz entre persona/pessoa perante os seus, como podemos verificar neste trecho da reportagem especial "História do rock em Brasília", de 19 de maio de 2011, do jornalista Carlos Marcelo para o blog Brasília Poética:

> Em 11 de outubro de 1996, morre aos 36 anos não o Renato Russo, mas seu criador: o Júnior, filho do Seu Renato e Dona Carminha, menino carioca que foi morar em Brasília aos 13 anos e lá, imerso na solidão do concreto cercado de cerrado por todos os lados, inventou um personagem a sua imagem e semelhança para atrair amigos e, com eles, mudar a história do rock brasileiro. "Renato foi, ao mesmo tempo, nosso carrasco e salvador. Sua sombra era muito opressora: só a morte dele libertou a gente", acredita Di-

nho Ouro Preto. Ao som de Fantasia Opus 17, sonata para piano de Schumann, as cinzas do corpo de Renato Manfredini Júnior foram espalhadas em canteiros de bromélias da casa principal do Sítio Roberto Burle Marx, na Barra de Guaratiba, zona oeste do Rio. "Agora o Renato Russo é só do público, o Manfredini é nosso", sentenciou Dona Carminha, mãe do cantor.

Assim, Manfredini Jr. sobreviveria por meio da palavra, da obra performatizada por Russo. O cancionista construiu canções que ensinam mais sobre resiliência do que redenção. Ao desenhar sua trajetória desde a The 42nd Street Band, Russo deixou um legado que mostra cada etapa da jornada. Do jovem rebelde e engajado ao homem ferido e iluminado pela percepção exata de sua limitação, pela antecipação da morte, Russo exprime como eu-lírico de cada canção um estado diferente do seu eu. Isso condiz com o que é propagado pela indústria cultural. Conforme nos mostra Adorno (2002, p. 41), "divertir-se significa que não devemos pensar, que devemos esquecer a dor, mesmo onde ela se mostra. Na base do divertimento planta-se a impotência". Por mais forte e poderosa que seja a mensagem de Manfredini Jr. diante do medo de existir, ainda há quem consuma Legião Urbana sem nem sequer entender sua mensagem.

Renato Russo, criação de Renato Manfredini Jr., é a personagente-escudo para se enquadrar na necessidade de sobreviver no habitar das gravadoras e dos contratos fonográficos. Dado e Bonfá relatam que por vezes Renato não interagia com os demais membros da banda quando em turnê, muito para poupar a voz ou mesmo, por vezes, pela ressaca devido ao abuso de álcool e drogas. Esta vida à parte, como alguém fora de contexto, dialoga com um processo criativo que busca a redenção ao longo da jornada e se identifica com o público.

Nesta cultura industrializada que emerge no pós-guerra, berço do rock and roll e suas variantes mais agressivas (punk rock, hardcore e heavy metal), tolerar é uma estratégia que torna possível aceitar a ideia de nos vincularmos à massa e ao consumo capitalista. Para Simon Frith (1981, p. 11), falar de rock antes de 1999 nos obriga a entender a comunicação de massa e a influência dos discos, consequências de processos industriais elaborados e que conduzem a uma outra relação como produto. O rock consumido na década de 1980 ganhou essa cara de produto para a massa, oferecido para um público característico – o jovem que adquiria os discos e ditava o topo das paradas nas rádios e nas vendagens informadas pelas gravadoras. Mesmo fazendo parte desta lógica, o rock ainda assim carrega elementos não comerciais que o distinguem dos demais produtos musicais do mercado, com um público que se afirma como autêntico e transgressor:

> Mais do que deduzir o significado do rock a partir dos processos de produção e consumo, nós tentamos compreender a produção e consumo do rock tendo por base o que está em jogo nesses processos – os significados que são produzidos e consumidos. O rock é uma música de produção em massa que carrega uma crítica de seus próprios meios de produção; é uma música consumida em massa que constrói sua própria audiência "autêntica".

Quando analisadas as canções da Legião Urbana, dá pra ver essa identificação de conteúdo com a massa. Sem isso não haveria o eco de versos como "que país é este?", nem "meu grito acordaria não só a sua casa, mas a vizinhança inteira". Da maneira como foi vista, a mensagem de Renato queria invadir, transgredir, perturbar e causar algum dano no receptor, sendo ela própria o remédio para este dano. Marshall McLuhan já falava sobre o efeito mítico do rock (1964), e Suzanne K. Langer, em seu "Form and feeling" (1953), talvez seja quem melhor soube definir o que o rock causa ao sentimento humano, despertando o desejo de seguir e cantar as canções de uma determinada banda ou até mesmo escolher um ídolo que represente em si ideais de conduta. Para ela, a música é a analogia da vida emotiva. É emoção, portanto. Algo que não pode servir a todos, tendo em vista que, no terreno dos sentidos e sentimentos, cada um segue sua própria via.

Quando, em suas apresentações, a plateia se descontrolava e Renato permanecia o restante do show deitado no palco cantando ou mesmo em silêncio, dizia em performance muito mais do que quando abandonava a truculência catártica à própria sorte. Renato Manfredini Jr. escreveu na dor, para os seus, querendo ser mais do que fora programado para ser. Misturando o objetivo comercial com uma estética que atingia milhares de fãs, a Legião Urbana alcançou, em um mesmo golpe, o sucesso nestas duas vias: sucesso de vendas e ser o pop que conseguia, ainda que pop, atingir a autenticidade que o espírito do roqueiro almeja. Para Eric Clapton (MUGGIATI, 1981, p. 143), "a música é a voz mais eloquente para encontrar a paz em uma sociedade hostil".

O movimento punk é marcado sobretudo pelo uso do corpo como centro de uma crença. Não só o moicano, mas toda uma estética de ressignificação do corpo como porta-voz de uma postura aguda (tal como os objetos pontiagudos e os alfinetes que fazem parte da vestimenta), diante do mundo. É a performance em seu estado pleno, demarcada pelo corpo do indivíduo e pelo que ele veste, em sobrecarga de couro, ausência de cores e na rebeldia de não fazer parte de uma massa sem se distanciar dela. Esse desejo de demarcar um outro lugar existencial é da natureza do punk, do rock, do heavy metal e de todas as dissidências de som que carregam no tom, nas letras e na performance uma assinatura de protesto. Para Zumthor (2007, p. 38), a performance é essencialmente um acontecimento oral e gestual, cujo elemento irredutível é a presença de um corpo.

Esse sujeito que existe com o autor e o receptor neste estilo de vida, para além do musical, expõe seu íntimo, seu corpo, e suas vestes já trazem a atitude, junto de um discurso e de uma conduta que nascem na anarquia e na oposição, protestando contra imposições e o controle do

Estado. Por estar em um estado de choque evidente, o sujeito assume uma posição de negar o que é comum, desafiar normas e padrões. O que motiva essa atitude é a essência da juventude, de descoberta, de buscar o próprio caminho, assumir personalidade e individualidade. Ao perceber-se como um outro, o sujeito foge dessa existência massificada, comum, e cria para si um lugar em que é diferente. O corpo vira emblema de uma identidade, às vezes modificado e testado em seus limites como carne, transformado e redesenhado (pensemos aqui em tatuagens, *bodies*, implantes, cortes de cabelo, cirurgias, intervenções de toda sorte que pontuam claramente no âmbito do corpo a diferença de "lugar").

Na linguagem, este movimento tem a ironia e o sarcasmo, afrontando tudo que é tido como certo pela sociedade, quando burla a censura e tenta trazer em forma de arte o que não é amplamente aceito. O resultado pode ser incompreendido, sofrer preconceito e ser desconsiderado. Isso porque a sociedade vai mudando com o tempo e suas legitimações vêm muitas vezes trazidas de geração em geração, encontrando, aos poucos, espaços para refletir e falar sobre o não dito, o silenciado, o proibido. Desde que iniciou seu projeto artístico, Renato Russo identificava-se com o punk rock, mesmo que tenha bebido em várias outras fontes. Os três primeiros álbuns da Legião Urbana trazem esse cancionista, fruto da fase jovem do autor – com a banda Aborto Elétrico e como Trovador Solitário –, o que vai sofrer uma nítida transição a partir do quarto álbum da banda, já na saída dos anos de 1980, a descoberta do HIV e a passagem pela clínica de reabilitação.

A ironia e o protesto ganham novas formas de se mostrarem nas letras, e as melodias já não são as mesmas, o que rendeu críticas dos fãs quando dos lançamentos de 1989 em diante. Não havia mais a mesma atitude punk rock do primeiro momento de Renato, nem pop rock de algumas canções, mas uma transição para a reflexão de um sujeito que busca transpor uma fase da vida, talvez atingido pela percepção de que nada mesmo seja como previsto e o "futuro não é mais como era antigamente", como dito em "Índios". É como se o público fosse apresentado a um sujeito voltado para si, cuja angústia existencial e a ânsia por conseguir entender e alcançar o outro, num estado de empatia e alteridade plenas, estão presentes nas letras e nas melodias. Salvação, amor, redenção ocupam o discurso sarcástico e ácido de outrora, sem, no entanto, deixar de questionar ditames e regras sociais, injustiças e medos humanos.

O sujeito que escreve para o outro agora leva consigo a certeza de que o amor em todas as suas interpretações é o elo. Com esse teor de redenção, o cancionista compõe sobre o futuro e para ele. Acompanhando as letras que surgem a partir do quarto álbum e a entrega de Renato no palco, vemos em sua performance um tom de expiação, libertação e transformação. Ao adotar as camisetas brancas de mangas bufantes e girar os braços em suas danças frenéticas, congregar com a plateia, conversar com o público e não aceitar qualquer manifestação agressiva que venha dele, Renato afirma a marca de um novo tempo. O punk rock que habita seu espírito foi tranquilizado pela vivência dos extremos, pela experimentação e pelo sofrimento. O que as letras de canção agora expressam é o estado pós-vício (de toda sorte de natureza), é o sujeito que conta o que há no caminho de volta após a ida ao fundo da mina. Para Guy Debord (2000, p. 140),

> o espetáculo, que é o apagamento dos limites do eu [*moi*] e do mundo pelo esmagamento do eu [*moi*] que a presença-ausência do mundo assedia, é também a supressão dos limites do verdadeiro e do falso pelo recalcamento de toda verdade vivida, diante da presença real da falsidade garantida pela organização da aparência.

Neste universo que se cria em torno da figura do líder de banda – todo o glamour que surge e que esconde as noites em claro, as drogas e a solidão do artista – vive a massa de fãs que quer consumir o outro para fazer parte do ideário que ela mesma constrói. Quando decepcionada, a massa se torna agressiva, destrutiva, desfazendo em instantes a aura de perfeição que insiste em montar como parte do espetáculo, fazendo do ídolo o fantoche da sua imaginação. A crueldade deste sistema afasta o eu criativo do artista e impõe a ele uma coisa outra que o impede de ser em plenitude, por vezes fingindo afetos, criando manias e uma aparência alheia a si próprio. A realização desta presença-espetáculo fará Russo engolfar Manfredini Jr., causando um efeito em cadeia que ocupa muito mais do que maquiagem e truques de vestimenta.

A intensidade da presença é o que difere o texto poético escrito daquele transmitido oralmente, e a Legião realizava a performance dita "completa", por estarem neste instante presentes todos os recursos: audição e enunciação, esta equivalente à leitura. Assim, quando Renato assume esse estado de torpor diante do público, acaba oferecendo aos que participam dessa performance a vivência plena da mensagem. O rock também era visto por Zumthor como "uma irresistível 'corporização' do prazer poético" (ZUMTHOR, 2007, p. 70). Suas batidas implicam um meio "mais manifestadamente biológico" para o ouvinte-espectador, afirmando o entendimento de que a exploração artística de Russo encontrou também no estilo musical ao qual se colou uma identificação de "almas".

Esse corpo jogado no palco juntamente com uma atitude blasé da personagente Renato Russo em suas entrevistas (ambas as referências podem ser testemunhadas nos inúmeros vídeos disponibilizados no YouTube) criaram essa aura de prepotência e impossibilidade que o cercava, muito diferente da pessoa, do sujeito que habitava essa persona e que dependia muitas vezes de álcool e drogas para interagir, tamanha sua timidez e desajuste social. Essa sua separação do corpo, nesta atitude antagônica a si próprio, encontra o dramaturgo Antonin Artaud no sentido da busca deste pensador do teatro em libertar-se de toda e qualquer amarra para o corpo. Nada mais punk rock que o "corpo sem órgãos" proposto por Artaud e, nesta busca, ele e Russo fizeram de seus corpos laboratórios para todo tipo de droga e experimentação. Claro que no caso do primeiro em termos muito mais extremos do que os experienciados por esse cancionista, mas ambos conseguiram o descolamento do eu da realidade, de si e do corpo:

> O Teatro da Crueldade foi criado a fim de devolver ao teatro uma apaixonada e convulsiva concepção da vida, e é neste sentido de violento rigor e de extrema condensação de elementos cênicos que a crueldade em que se baseia deve ser compreendida. Essa crueldade, que será sangrenta quando necessário, mas não de modo sistemático, pode assim ser identificada com uma espécie de pureza moral severa, que não tem medo de pagar a vida o preço que deve ser pago. (ARTAUD, 1968, p. 66)

Neste sentido, a performance de Russo na composição desse personagem ícone do rock and roll brasileiro, e tido por muitos jornalistas e críticos musicais como cancionista de toda uma geração de músicos, afetou definitivamente sua relação com os palcos, pois devido ao choque com o público, a Legião deixou de fazer apresentações ao vivo, o que foi confirmado tristemente pelo agravamento de seu estado de saúde. Teria sido Renato Manfredini Jr. vítima do "teatro da crueldade" proposto por Artaud, quando o indivíduo se lança na atuação e se constrói como ator no ato da encenação? Ao comprar a decisão de anestesiar a mente e o corpo para dar conta do palco e do confronto com o outro, Renato fez de Russo seu algoz.

A total dimensão deste ato veio aos poucos à consciência de Renato ao viver a realidade da estrada e sair do eixo Nova Iorque-Brasília em que estava inserido. Por mais que fosse às cidades-satélites e entrasse no universo paralelo da periferia brasiliense, foi na casa de shows paulistana Napalm que a Legião Urbana se deu conta da superfície da performance e vivência do punk em que seus componentes estavam inseridos. Para Renato – ao ver os vídeos de Siouxsie conversando com a Soo Catwoman e ela ingerindo "bolinhas" com uma garrafa de água mineral na mão e Sid Vicious cortando-se com gilete enquanto ele e a banda pegavam sol –, ficou clara a visão divergente que enquanto artistas tinham do mesmo rótulo.

Ainda assim, ser este artista que encarnava o espírito punk rock e depois explode como ícone pop, até o momento em que escolhe ser trovador (inclusive na indumentária, abusando das camisas de mangas bufantes à Jim Morrison, vocalista do The Doors), tornou Renato Russo e sua Legião Urbana algo muito singular na história do BRock. As influências de todos estes artistas eram estrangeiras e, como músicos, todos estavam cientes das limitações do começo, que foram resolvidas no decorrer do contrato com a gravadora e a entrada de mais profissionais para arranjos e acompanhamentos.

A Legião Urbana não se adequava ao discurso local, não foi benquista pelas demais bandas da cena punk rock brasiliense; e, quando ganhou o status de sucesso nacional, também não dialogava com o tom ingênuo das demais bandas ou com a beleza dos ícones pop daquele tempo, que tinha como estandarte Paulo Ricardo e o RPM, com seus dois milhões de cópias vendidas.

O sucesso gera triunfo e caos; e no caso da banda de Paulo, o fim deu-se devido aos direitos autorais. Dos quatro integrantes, apenas dois compunham, surgindo aí o problema de divisão de lucros pautada em direitos autorais quando se vendem tantos discos. A Legião não era uma banda marcadamente latino-americana e nem buscou esta identidade, como fez Os Paralamas do Sucesso, cuja carreira inclusive ganhou proporções para além das fronteiras e letras regravadas em espanhol. Herbert Vianna quis e compôs com artistas latino-americanos e africanos, enquanto Renato Russo buscava mais do mesmo, ensimesmando as fronteiras da Legião em suas próprias referências e nas de Dado e Bonfá.

É com a escrita e composição melódica próprias do punk rock de origem norte-americana e inglesa que a produção da banda e de

Renato como cancionista se alinha. Ao falar dos sentimentos, do relacionamento com o outro e do drama do oprimido, rompendo silêncios aos quais estava sujeito, Renato encontrava em Dado e Bonfá um repouso. A Legião mantinha a linha daquilo que já fizera antes, mudando apenas o tom de protesto contra o mundo, o cenário político para o cenário do existencial, do humano. Há espaço para o eu e para o outro. É nesta oposição que a obra do cancionista encontra o desajuste, o não-lugar, a não-adequação, a situação de estrangeiro a que se refere Homi Bhabha em seus estudos sobre o migrante, sendo ele mesmo um indiano que deu aulas na Inglaterra e hoje atua nos Estados Unidos. Este sentimento de estranhamento constante é o centro do processo criativo da banda e dos seus membros.

Renato Manfredini Jr. viabiliza Russo através das seguintes instâncias: extensão vocal, timbre de voz e capacidade composicional, mote lançado por Felipe Cyntrão em uma de minhas reuniões de orientação em que ele estava presente. Como trovador que sempre foi, além da voz e da composição, Renato também era alimentado pelo discurso panfletário dos shows e suas performances para lá de esquisitas. Ele não dançava, não era sensual ou dominava o palco, como Ney Matogrosso. Ele se jogava, numa antidança punk de exorcismo do eu, chacoalhando o corpo e os braços, desconstruindo o espaço do dândi, algo que poucos reproduziram. Ao ser no palco o mesmo sujeito errático que era fora dele, Renato Manfredini Jr. escolheu um personagente aglomerador e intruso: Russo.

A performance era dolorida e dolorosa, não adequada para quem esperava banalidade ou mesmice. O cantor que performatizava as letras do cancionista estava ali para chocar. Para Zumthor, "todo texto poético é performativo, na medida em que aí ouvimos, e não de maneira metafórica, aquilo que ele nos diz. Percebemos a materialidade, o peso das palavras, sua estrutura acústica e as reações que elas provocam em nossos centros nervosos. Essa percepção, ela está lá. Não se acrescenta, ela está".

Ao trazer em si todos os problemas vividos e silenciados por Manfredini Jr., Russo encarnava um sujeito tão único que seu caráter icônico jamais poderá ser reproduzido após sua morte. Para quem este cancionista performer atuou? Para ele mesmo. Para seu público. Para sua obra. Renato viveu o que acreditou ser o sonho possível, já que foi surpreendido em seu intento pelo HIV, entrando em colisão consigo mesmo. Renato responde à dor com algo que pode ser visto num trecho do discurso de William Faulkner realizado durante a recepção do Prêmio Nobel de Literatura, no dia 10 de dezembro de 1950, em Estocolmo:

> Nossa tragédia, hoje, é um geral e universal temor físico suportado há tanto tempo que podemos mesmo tocá-lo. Não há mais problemas do espírito. Há somente a questão: quando irão me explodir? Por causa disto, o jovem ou a jovem que hoje escreve tem esquecido os problemas do coração humano em conflito consigo mesmo, os quais por si só fazem a boa literatura, uma vez que apenas sobre isso vale a pena escrever, apenas isso vale a angústia e o sofrimento.

Há muito os parâmetros e regras foram redefinidos para atender à demanda do autor em busca de sua própria identidade, seja individual ou coletiva, seja nacional ou internacional, no âmbito dos estudos das letras. Qual artista, em que espaço responde e o que refletem a angústia e o sofrimento levantados por Faulkner? Neste campo, o Nobel para Bob Dylan, ganhador também do Oscar, do Grammy, do Pulitzer, trouxe outro questionamento público sobre a validade de um prêmio literário ser atribuído a um cancionista. A resposta da secretária da Academia Sueca, Sara Danius, publicada no site do prêmio, compara Dylan a Homero e Safo, lembrando as obras que antes eram feitas para terem acompanhamento musical. O trovador era o responsável pela produção musical e, em princípio, era inferiorizado, no entanto, com a consagração deste estilo, subiu de patamar e até fez parte na nobreza ibérica, de onde temos os reis D. Sancho (século XII), D. Afonso X (século XIII) e D. Dinis (séculos XIII-XIV) como autores. Endossando essa herança histórica, Gordon Ball, em seu artigo sobre o Nobel a Dylan, registra que (tradução livre):

> Poesia e música têm compartilhado terreno comum, desde os gregos a Pound e Ginsberg; categorize o trabalho de Dylan como queira, suas qualidades literárias são excepcionais; seu idealismo artístico tem contribuído para uma grande mudança social, alterando e enriquecendo a vida de milhões de pessoas cultural, política e esteticamente; as vozes que o aclamam são muitas e distintas. O Prêmio Nobel de Literatura, que há mais de um século vem sendo concedido, cobriu um território amplo e diversificado, é uma merecida forma de reconhecimento por essa extraordinária realização. (p. 178)

Quando Dylan recebe este reconhecimento, abre as portas dos altos salões para repensar o todo, repensar tudo. Renato construiu seu legado e desenhou, ao longo de sua carreira, englobando aqui todas as suas letras de canção, um percurso também ideológico sobre sua própria existência. Trovador e menestrel, como Dylan, construiu uma obra cuja temática abrange letras de protesto, redenção, amor romântico, desilusão, drogas, sexo, sociedade burguesa e rock and roll. Seu mix de repertório e ideário compõe um movimento de onda que perpassa toda a produção da Legião Urbana.

Não há mais o grito, mas um eco, um traço de Legião que vive no fundo dos corações jovens, à espreita. Entre a letra e a degradação do corpo, Renato escreve esta sua personagente e com suas letras de canção moldava uma tentativa de (sobre)viver. Esta transição em suas composições mostra essa vontade de mudança, na qual o sujeito carnal, condenado, supera suas misérias e alcança a salvação. Há a necessidade de abertura diante do outro, da exposição do ser no outro, para que assim haja a permanência.

A letra firma-se como a chave para essa migração de um para o outro. No entendimento desta relação há o acolhimento do outro e em sua capacidade de ultrapassar o tempo está a redenção. Aí que está a poesia, para além da letra da canção, naquilo que Renato Manfredini Jr. escreveu. Sua morte e seus escritos de despedida mostram essa clareza sobre a própria mortalidade, da impossibilidade de ainda existir enquanto carne, conseguindo permanecer num plano imaterial através das palavras, de um legado.

Tal fato só é possível porque um cancionista não escreve sozinho. Ele vive em seu tempo os dramas interiores universais às identidades, ele escreve com várias mãos, em si, no outro e para o outro, num efeito bumerangue, arremessando e recebendo seu grito, enquanto espera que este som retorne cheio de outras informações, que vão além de sua própria voz. Na ânsia de dialogar com essas vozes, ele as traz para si e nelas vive a imortalidade de seu pensamento.

Todo este ciclo mantém vivo o mistério que ronda este eu representado, separado do eu autor, enxergado pelo outro como uma representação de toda uma geração que foi reflexo da personagente Renato Russo, este trovador solitário que sente as agruras que Faulkner reconhece como importantes em relação à produção artística. Zumthor diz: "Que um texto seja reconhecido por poético (literário) ou não depende do sentimento que nosso corpo tem. Necessidade para produzir seus efeitos; isto é, para nos dar prazer. É este, a meu ver, um critério absoluto. Quando não há prazer – ou ele cessa – o texto muda de natureza".

Pode-se afirmar, todavia, após um mergulho em cada canção, na sequência dos álbuns da Legião Urbana, que Renato já compunha visando uma atemporalidade para sua obra, atendendo ao que os fãs esperavam (ou não), mas mantendo sua regularidade no princípio do prazer de que nos fala Zumthor. Poesia atual, pulsante, pois capta esse sujeito que vive nos limites. Esse arremate que seria os tempos atuais, caracterizados por um liberalismo globalizado, na mercantilização dos modos de vida e numa individualização crescente, constituiria também um elemento na análise das canções compostas por Russo. Isso porque do primeiro álbum ao último, há um movimento que nota o avanço da modernidade, do cenário nacional, de protesto, para o individual, centrado no eu, no particular.

A expansão da indústria fonográfica talvez seja responsável por mudar o tom dos processos criativos como os que aconteciam na década de 1980 e hoje se dissipam na cultura de massa. Talvez hoje exista uma geração que se acostumou ao que não venceu, entregando-se facilmente à aceleração, à tecnologia e à fugacidade. Em tempos atuais, a música e a poesia ainda mudam, transmutam, permutam, mas respiram com dificuldade quando comparadas ao tempo dos festivais. Hoje o sujeito herdou daquele outro um fragmento, e ele tenta destacar-se na diluição das tintas urbanas, vítimas de uma ideia cosmopolita que não agrega, mas afasta. Daí a citação, a apropriação, o recorte, a mistura, o pastiche, a bricolagem e a criação de subcategorias, dos novos gêneros musicais que, a começar pelo formato em si, já respondem por aqueles que os criam e os consomem. O sujeito hoje é transitório, pertence ao tempo pueril de redes que não conservam, mas diluem. A resistência hoje é tentar aparecer num horizonte de mesmice, cinza e homogeneizante, ou, simplesmente, sobreviver à barbárie do cotidiano em absurdo, cheio de fake news.

Presidente da Warner-Reprise, Joe Smith define como a indústria fonográfica desenhava seus lançamentos e descobertas:

> Logo que o artista está "criado" – e a maioria deles não se consegue "criar", falha e desaparece – a companhia de discos procura aumentar as vendas álbum a álbum até que elas sejam

> automáticas. A Warner-Reprise fixa aos seus artistas um "teto" e depois, em cada novo álbum, tenta fazê-los saltar para outros mais acima. [...] Depois, o que há a fazer é meter o artista na classe dos discos de ouro, que são 450.000 ou 500.000 álbuns. Mais além disso, é um jogo de dados. Quero eu dizer: ninguém pode adivinhar onde está um Elvis Presley, ninguém pode prever um Herb Alpert. Ninguém previu os Beatles. (SMITH *apud* CHAPPLE; GAROFALO, 1989, p. 250)

Esse ritmo de trabalho imposto por contratos e datas de lançamento atingiram a Legião Urbana. Os três primeiros trabalhos da banda consistiram em aproveitamento de material anterior, e em grande parte houve retrabalho em cima de repertório já produzido. O terceiro disco traz canções compostas por Renato quando ainda era o Trovador Solitário, período do qual surge "Faroeste caboclo". A pressão exercida sobre o grupo agravou inclusive o estado de saúde de Renato, que mergulhou de vez nas drogas e no álcool. Após esses lançamentos, viria o quarto disco; a partir daí e de um Russo reabilitado pela internação em uma clínica, um novo momento no discurso da banda, que sai do aproveitamento de canções antigas para novas composições. Isso evidencia o novo momento vivido pelos integrantes, demarcado também pela saída de Renato Rocha, devido à falta de comprometimento com o processo criativo e repetidos atrasos nas gravações, segundo relatos dos próprios membros da banda.

Fica claro aqui o quanto o mercado influencia e pressiona a criatividade do artista. No caso da banda, havia também a pressão pelo sucesso, por conta da vendagem dos trabalhos anteriores e da relação com seu público. Na virada da década de 1980/90, acontece também uma renovação na alma dos jovens da Legião Urbana. Outrora "meninos de Brasília" que ascenderam de maneira rápida e com repertório no bolso, agora precisavam entregar um produto que desse continuidade ao sucesso já alcançado. A questão da ausência do corpo de

Renato e sua performance marcante mostram que não só de mercado vivem os fãs, mas sobrevivem na ausência com o que foi possível mais tarde, como a formação que Bonfá, Dado e o vocalista André Frateschi levaram aos palcos e arrastaram ainda milhares de espectadores.

Este conceito do público da Legião Urbana é múltiplo: além de espectadores, os legionários consomem como leitores os produtos da banda e de Renato Russo. Os legionários desejam mais do que assistir ao espetáculo da banda ou comprar os produtos literários. Objeto de um artigo da livraria da Brown University, cujo título é "Renato Russo: contradictions in music and life", todo este leque de elementos que compõem o personagente russeano foi muito bem captado em um trecho do texto que reproduzimos: "Russo é um representante icônico de sua geração que também exemplifica as complexidades e contradições que ocorreram no nível do solo com relação ao advento da Aids e sua relação com a homossexualidade. Russo, embora abertamente e orgulhosamente gay, nunca admitiu ser soropositivo, mesmo quando ficou claro para todos à sua volta que ele era".

As complexidades e contradições são também fruto de Renato fazer parte da sociedade patriarcal e machista que se revela de leve, com certo pudor (hoje nem tanto), mostrando do que a raiz da formação da sociedade brasileira e o projeto de nação e identidade foram feitos. Resumindo a performance de Manfredini Jr., Russo é visto como representante de sua geração tendo em vista todas as questões pessoais que interferiram diretamente em seu projeto artístico. Renato estava cansado. Quando olhamos para sua produção final, percebemos que ele ainda queria falar sobre esperança e positividade, havia a vontade criativa e performática do menino Manfredini Jr. sempre latente. Em carta para si mesmo registra a importância de manter-se são e com o ego controlado diante das maravilhas que a fama traz. A família e os amigos são o eixo real, presente e que importa na jornada.

Em depoimento ao documentarista Vladimir Carvalho, no longa "Rock Brasília – Era de ouro" (2011), Jota Pingo, pseudônimo de Carlos

Augusto de Campos Velho, ator, roteirista, dramaturgo, diretor teatral e agitador cultural gaúcho radicado em Brasília, rememorou o primeiro contato com Renato Russo e revelou como o artista e o Aborto Elétrico foram parar em um dos seus espetáculos, "O último rango" (1982):

> Todo dia, eu via aquele rapaz punk, com a calça jeans toda recortada, com o cabelo todo estranho, lá naquele canto. Todo dia, ele ia assistir espetáculo. Ele ficava lá no fundo recolhido, ele era muito tímido. Aí um dia, eu falei: "Vem cá, quem é você? Como é que é?". E ele: "Sou professor de inglês, mas eu gosto de música, eu tenho uma banda e eu queria lançar minha banda". Eu perguntei: "Como é o nome da sua banda?". Ele me responde: "Aborto Elétrico". Eu já digo: "Opa, legal! Vamos então montar um espetáculo que eu acabei de escrever, que chama 'O último rango'?". O Renato já estreou com espetáculo em cartaz. Ele entrou e tocou aquela música, "Que país é este". Quando ele terminou de tocar, ele pegou a guitarra, quebrou a guitarra e jogou para a plateia. Na hora que ele quebra a guitarra e joga para a plateia ele está quebrando seu coração, todo seu interior, e está jogando todo seu ego no lixo e ofertando seu id para aqueles que estão assistindo.

No depoimento de Pingo vemos uma nota de Renato que já entendemos: nada do que fazia era casual. Renato Russo era a performance da vida de Manfredini Jr. Era aquilo que ele queria ser e foi, executado na vida com todos os percalços que ela oferece, mostrando a todo instante que não há domínio absoluto do plano, por mais calculado que seja.

Em 1980 e 1990, ainda não havia o fenômeno das redes sociais, mas havia a mídia e a fama, o trato com o público e com os fãs, o olhar-se no espelho e querer ir além daquilo que se via. Existia e sempre existiu o desejo puramente humano de proteção, o que envolve a subjetividade e a maneira como o contato com o outro acontece. Se o sujeito, o coletivo e a sociedade em que eles vivem são os responsáveis pelo surgimento da subjetividade do indivíduo, num processo em que ele colhe e fornece elementos para a formação da sua personalidade, há uma sinfonia de muitas vozes responsável pela constituição do todo subjetivo.

Temos para Renato Manfredini Jr. a vivência em Nova Iorque quando pequeno, a vinda para Brasília, depois o Rio de Janeiro, a viagem catártica aos EUA em 1989, a vivência do punk colhido nas fontes inglesa e americana, o desejo por liberdade, por libertar-se, a herança judaico-cristã familiar, o sucesso rápido e a queda advinda pela descoberta da doença que ele não podia erradicar. Com um cenário desses, o projeto que nasce com Eric Russell acaba por revelar-se muito mais complexo na prática, e Manfredini Jr. se isola novamente no casulo depois de ter aberto as asas.

Encenação e reinvenção são elementos deste cenário. É fácil percebê-las ao longo dos álbuns da Legião Urbana e na forma como a banda foi se apresentando nas fotos dos encartes e nos shows. Renato produzia constantemente a subjetividade que o legitimava e fazia também a banda acontecer, lutando por novos meios e possibilidades, reinventando no cotidiano a existência, num choque constante consigo mesmo e com o mundo.

Neste jogo de performance e sobrevivência, no diálogo consigo e com o outro, Renato procurava sempre afirmar o que seria sua identidade e a diferença de seu lugar no mundo. Assumidamente homossexual, mas não assumindo ser portador do HIV, ele escolhe também neste instante um lugar de fala que prega a abertura da existência para além do estereótipo do vocalista da banda de rock à Paulo Ricardo e abraça a pansexualidade, mais próxima dos vocalistas das bandas punk que lhe serviam de inspiração, como Sid Vicious, do Sex Pistols, ou performers pop como Freddie Mercury, do Queen, e Cazuza.

No desenho desta identidade não correspondente ao que o público espera de um *sex symbol* padrão, Renato propõe um enfrentamento das oposições binárias masculino/feminino, heterossexual/homossexual, que são pilares dos processos de fixação das identidades de gênero e identidades sexuais. Para Tomaz Tadeu da Silva (2000, p. 89), "a possibilidade de cruzar fronteiras e de estar na fronteira e ter uma identidade ambígua, indefinida, é uma demonstração do caráter artificialmente imposto das identidades fixas". Para ele, o cruzamento de fronteiras e o cultivo propositado de identidades ambíguas é, entretanto, ao mesmo tempo uma poderosa estratégia política de questionamento das operações de demarcação da identidade: "A evidente artificialidade da identidade das pessoas travestidas e das que se apresentam como drag-queens, por exemplo, denuncia a – menos evidente – artificialidade de todas as identidades".

Versos como "aquele gosto amargo do teu corpo / ficou na minha boca por mais tempo / de amargo então salgado ficou doce" – de "Daniel na cova dos leões", do disco "Dois", título que também faz referência ao episódio bíblico de mesmo nome – e "eu gosto de meninos e meninas", de "Meninos e meninas" – do disco "As quatro estações" – causaram grande impacto quando associados à sexualidade do vocalista da Legião Urbana. Renato queria dizer além, como muito bem captado por Alessandra Gomes (2008, p. 202):

> Dentro desse projeto de dinamizar as subjetividades, comunicando-as política e poeticamente, Renato Russo também refletiu sobre como converter todo o desejo em rótulo, em norma. Por isso, ao escolher compartilhar sua orientação sexual, usou frases e expressões que pudessem trazer seu "gosto por meninos e meninas", com ênfase nos afetos. Essa postura foi minimizada pela mídia e parte de seu público, que viram na frase "eu gosto de meninos e meninas" apenas uma estratégia para tornar pública a sua homossexualidade.

Vários artistas nunca revelaram suas orientações sexuais para não ferir o encantamento ou a idealização dos fãs, sendo que até o século XXI, quando revelados alguns segredos, havia surpresa e comoção. Temos, por exemplo, o caso do membro do grupo porto-riquenho Menudo, Ricky Martin, e o testemunho emocionado que ele deu nas redes sociais ao assumir, em 2010, sua homossexualidade, expondo sua vida íntima com o companheiro e os filhos. No Brasil, para a gravação do clipe da música "Vida", que fez parte da trilha sonora oficial da Copa do Mundo 2014, Ricky concedeu entrevista ao programa "Altas horas", comandado por Serginho Groisman, em que declarou: "É preciso viver sem uma máscara. Foi muito trabalho espiritual para eu chegar e poder me liberar das pressões sociais. Hoje, posso dizer que ganhei uma batalha que foi dolorosa".

A palavra "dor" faz o sentido aqui. Pensada quando no contexto deste não-lugar em que o sujeito, que não pode viver livremente aquilo que é, precisa estar, é a dor que pode transformar esta condição em arte. Ela torna-se a via para muitos indivíduos. O aprisionamento causado pelas pressões sociais traz silêncios que precisam ser rompidos para que aconteça a formação plena de uma identidade. Máscara sobre máscara. Se em condições favoráveis o sujeito já faz uso de muitas, ser obrigado a erguer outras impõe uma pressão sobre o ser e estar no mundo que muitos não conseguem suportar. O "cansaço e a solidão" decorrentes desses isolamentos são os reveses do que a arte e o amor representam. A saída é performatizar a vida.

Gilles Lipovetsky e Jean Serroy dizem que, no mundo de hoje, tido por eles como hipermoderno, há quatro vertentes principais: hipercapitalismo, hipertecnicização, hiperindividualismo e hiperconsumo. A essas quatro eu acrescentaria outra vertente hiper: a hiperperformance. As pressões sociais nas redes hoje são tão intensas que a representação daquilo que se é diante do outro via rede precisa ser potencializada o tempo todo: imagens, vídeos e fotos que representem um ideal de vida que garanta *likes*, permanência e influência para além do rolamento da tela. Neste estágio de exagero absoluto de tudo que eles denunciam em seu livro "A cultura-mundo" (2011), temos a necessidade da reinvenção constante e das relações humanas que insistem em manter-se presas ao passado e a noções de conduta e existência. Talvez isso explique o momento político brasileiro atual, talvez o antagonismo dos movimentos de libertação e retração vistos ao longo dos tempos seja a resposta também, ou mesmo identificar o conforto que o surgimento de vidas-performance gera aos indivíduos inseridos no instante cosmopolita das redes sociais.

Para que esta lógica seja quebrada e haja a possibilidade de refúgio que Renato Manfredini Jr. tanto buscou pela via de sua personagente Russo – que acabou por engolfá-lo e confiná-lo ao seu apartamento no fim da vida, uma ode irônica e triste a Maria Callas (uma de suas cantoras e performers favoritas), em pleno momento de cultura-mundo, onde tudo está interligado, conectado e veloz –, é preciso criar formas que permitam ao indivíduo a segurança do recomeço sempre que for necessário. A solidariedade entra aqui como chave, pensada por Lipovetsky e Serroy diante da opressão à qual o sujeito está exposto no hiperTUDO. A mistura do moderno e do tradicional precisa oferecer experiências enriquecedoras e não retrógradas, castradoras ou punitivas.

Ao falar de dor e de lugar num mundo "hiper", em que a saída se apresenta cada vez mais performática e artificial, cabe lembrar Albert Camus (2012, p. 124) quando analisa Sísifo no desenrolar de sua tarefa diante da montanha:

> Deixo Sísifo na base da montanha! As pessoas sempre reencontram seu fardo. Mas Sísifo ensina a fidelidade superior que nega os deuses e ergue as rochas. Também ele acha que está tudo bem. Esse universo, doravante sem dono, não lhe parece estéril nem fútil. Cada grão dessa pedra, cada fragmento mineral dessa montanha cheia de noite, forma

> por si só um mundo. A própria luta para chegar ao cume basta para encher o coração de um homem. É preciso imaginar Sísifo feliz.

É preciso imaginar Renato consciente e seguindo seu plano ao ter o diagnóstico do HIV em mãos. Não à toa foram os seis anos mais produtivos dele em carreira solo e da banda em conjunto: seis discos completos chegaram ao mercado no intervalo de seis anos até sua morte. O trovador vestiu sua indumentária e foi transformar a dor em letra de canção. Ao performatizar o trajeto que não sabia muito bem quando acabaria, Renato Manfredini Jr. escolhe a via de Sísifo e agarra seu destino.

Terceira Parte

Os discos

Uma viagem poética em nove álbuns

> *E tem o seguinte, meus senhores: não vamos enlouquecer, nem nos matar, nem desistir. Pelo contrário: vamos ficar ótimos e incomodar bastante ainda.*
>
> **Caio Fernando Abreu**

Percebendo a intensidade da relação com seu público e o alcance de suas letras, Renato insere nas composições da Legião Urbana temas e autores densos para o cenário punk, depois convertido em pop ("Ela gostava do Bandeira e do Bauhaus / De Van Gogh e dos Mutantes, de Caetano e de Rimbaud" e "O Eduardo sugeriu uma lanchonete / Mas a Mônica queria ver o filme do Godard"). Pop, em inglês, deriva da abreviação de música popular, no entanto, entendemos o pop tal como Tiago Velasco (2011, p. 14): "O pop está ligado a movimento, a sensibilidade, e está ligado a características agregadoras. Além disso, ele se conjuga para criar novos sentidos: (...) pop art, pop star (...) Esta é a lógica do capitalismo tardio, na qual o pop deve ser compreendido".

Presente em quase todos os encartes dos álbuns da banda, a frase em latim "*Urbana Legio omnia vincit*" (Legião Urbana a tudo vence), adaptação feita por Renato do mote "*Romana legio omnia vincit*" (Legião romana a tudo vence), criado pelo imperador romano Júlio César, tornou-se o lema da banda, frase esta que passou de emblema cult a melancólico – no último álbum da banda é palpável a dor do cancionista diante dos problemas de saúde que lhe tiravam a vida.

Essas aproximações do cancionista com a literatura, história, arte e filosofia surgiam em suas letras, impregnadas com mitologia grega e importantes pensadores e escritores da literatura ocidental, como Karl Marx, Sigmund Freud, Lord Byron, Carlos Drummond de Andrade, Fernando Pessoa, trechos bíblicos e outros tantos mais. Tais referências mostram a intenção clara de fazer uma letra marcada por detalhes que pediam atenção também aos encartes dos álbuns, já que, como atestado por Perrone (1988, p. 15), "as letras impressas são mais que um cartaz que serve de guia para atitudes culturais em mutação, ou mero auxílio para a memorização ou acompanhamento da canção. Existiu um relacionamento simbiótico entre a transmissão sonora e a impressão das letras de canções".

O encarte com as letras impressas mudou também a relação entre o autor das canções e seu público, que podia ter acesso não apenas para decorar as palavras, mas para perceber detalhes da composição, comentários do autor. Com o poder do impresso, o autor mais minucioso, caso de Manfredini Jr., usa vários recursos para enriquecer sua criação. Por exemplo, ao inserir um discurso alheio no seu, Russo dá a este um tom transcendental, apelando para o imaginário do leitor/ouvinte, que tem a sensação de já ter encontrado aquele texto antes, reconhecendo-o e abrindo-se às suas verdades e temas universais. Naturalmente o autor lança um conteúdo familiar, embalado pelo rock, mas não é ingênuo ao fazê-lo. O que Renato quer é ir além do que ele prega, e o leitor "recebe e lê o texto até achar uma forma que sirva a ele próprio" (ECO, 2005, p. 29), sendo preciso sempre retomar o texto em si para recuperar seu sentido.

Assim, Renato Russo e a Legião Urbana captaram o estranhamento (que também era deles) da juventude num período de transição marcado pela ditadura e por um espaço urbano, o de Brasília, planejado, artificial, povoado por jovens vindos dos mais diferentes pontos do globo que queriam apresentar às massas um texto reflexo deles mesmos.

Ele não se rendeu, mesmo tendo apoio e admiração popular, ao apelo de se tornar um produto massificado. Renato vai de um espaço a outro, sem perder a identidade. É o que Néstor Canclini (2008, p. 361) chama de artista anfíbio, "aqueles capazes de articular movimentos e códigos culturais de diferentes procedências". Ele segue: "Como certos produtores teatrais, como grande parte dos músicos do rock, eles mostram que é possível fundir as heranças culturais de uma sociedade, a reflexão crítica sobre seu sentido contemporâneo e os requisitos comunicacionais da difusão maciça".

Sua composição é um projeto musical que vive num tecido cultural conhecido, valendo-se de releituras de obras literárias, da mitologia grega, da herança judaico-cristã, enfim, de um caldo de cultura já absorvida, que traz sentido através deste novelo de linhas que as letras das canções apresentam. A trajetória poética de Renato tem temas próprios: questões sobre ética, sentimento amoroso, política e humanidade são frequentes, tendo a perspectiva social como base. Segundo depoimentos próprios (ASSAD, 2000, p. 28), esses elementos surgem em uma linguagem simples, possibilitando um contato maior com seu público, o que Luiz Tatit (1987, p. 9) nomeia como "figurativização", quando a letra faz uso de recursos que dão à canção a naturalidade e a familiaridade que sentimos em qualquer discurso coloquial.

Mesmo assim, Renato Russo não se via como um poeta (um elemento de performance que também ajuda na aproximação com o público). Ele mesmo declarou, em entrevista de 23 de janeiro de 1988 para o caderno Ideias, do "Jornal do Brasil", para o repórter Luiz Carlos Mansur: "(...) Me vejo mais como um letrista mesmo. Eu escrevo alguma poesia em casa, mas essas eu não tenho coragem de mostrar" (DAPIEVE, 2000, p. 80). Ele foi o eixo de um grupo social arrematado por novas tendências de música e comportamento, ainda em formação, que levou às bandas primordiais no cenário do rock nacional e tem relevante papel na consolidação do intertexto poema-canção-cultura na composição de letras como "Eduardo e Mônica",

"Faroeste caboclo", "Monte Castelo", "Geração Coca-Cola", "O teatro dos vampiros", "Será", "Tempo perdido", dentre tantas outras.

Olhando para Renato e para sua jornada em busca do sentido da vida, que vai além do perfil de letrista para alcançar um outro nível, lembramos Gaston Bachelard (2003, p. 223), que, ao citar o trecho de uma carta que o poeta alemão Rainer Maria von Rilke escreveu para Clara Rilke, pensa sobre o momento em que as obras de arte são criadas: "As obras de arte nascem sempre de quem afrontou o perigo, de quem foi até o extremo de uma experiência, até o ponto que nenhum ser humano pode ultrapassar. Quanto mais longe a levamos, mais nossa, mais pessoal, mais única se torna uma vida". Ainda sobre a escrita de um poema, Antônio Cícero, no documentário "Poesia (en) cantada", nos dá uma pista do lugar do poeta, dizendo que "o poema requer... exige tudo que há de mais forte no poeta, toda sua emoção, vocabulário, cultura, sensibilidade, humor, tudo o que você tem de mais forte é o que você vai usar para fazer aquele poema... como ele é um objeto da imaginação na verdade você tenta entendê-lo com seu intelecto... e no jogo do intelecto e da emoção é que está o prazer do poema".

Assim é o sentido da interpretação das composições de Renato em sua jornada ao longo de todas as letras que escreveu. É com esse espírito que vamos entendê-las, perceber a imagem que esse conjunto traz e com que temas esse cancionista abordava suas inquietações. São nove álbuns da Legião Urbana dos quais ele participou em vida. O número nove significa na numerologia o final de um ciclo e o início de outro, fala de valores como o altruísmo, a fraternidade e a espiritualidade – todos os três elementos muito presentes no espírito da Legião Urbana como banda. Com o nove regendo seu caminho, um homem pode considerar-se realizado, pois todos os seus desejos serão realizados, segundo a numerologia. Partimos agora para o início da descida a este eu profundo do cancionista, extraindo dos nove álbuns da Legião o ideário maior que os mostra como um grande e único projeto, dividido em partes. As letras analisadas nesta parte são as assinadas por todos os membros da Legião Urbana. As de autoria exclusiva de Renato serão escrutinadas mais adiante, para demonstrar o maior mergulho que ele dá quando se lança sozinho.

Álbum 1 – *Legião Urbana*

O primeiro álbum da banda, que anunciava seu nome, Legião Urbana, foi lançado em 2 de janeiro de 1985. Apresenta letras que fazem críticas contundentes a diversos aspectos da sociedade, falando de uma cidade que não estava em evidência no país, em tempos em que a internet para uso popular era um sonho distante, o revolucionário telefone celular Motorola DynaTAC era o mais desejado e as formas de comunicação não eram imediatas como as de hoje. De acordo com o próprio Russo, em entrevista à MTV, esse disco pôs Brasília no mapa do país. A capital vivia o final da transição da ditadura militar para o novo regime democrático e o vindouro governo de Tancredo Neves. Não poderia haver cenário mais propício para receber o primeiro álbum da banda: um momento histórico marcado pela juventude em busca de identidade ("Geração Coca-Cola"), vinculada a uma cidade também jovem, ainda em formação (ambos, Brasília e Renato, nasceram em 1960).

Paralelo a isso, esse disco possui canções de amor que foram incessantemente reproduzidas nas rádios e regravadas por outros artistas na virada do século XX para o XXI (Cássia Eller, Marina Lima e Simone, entre outros), como "Será", "Ainda é cedo" e "Por enquanto". Esta última é considerada "a melhor faixa de encerramento de um disco", por Arthur Dapieve.

Começa aqui o percurso de nove estações, com o conflito amoroso, suas ambiguidades e incertezas, em primeiro plano. Algumas composições foram censuradas ("Baader-Meinhof blues" e "O reggae") e tiveram sua radiodifusão vetada, sendo que outras ficaram para próximos trabalhos. Como a primeira canção do primeiro disco da Legião Urbana, a letra de "Será" já mostra a atitude do conjunto poético que se apresenta: "Tire suas mãos de mim / Eu não pertenço a você". Nada mais punk, o desejo explícito de liberdade, em tom autoritário e pretensioso, como todo grito de independência. O sujeito não cria laços nem com o ambiente que o cerca nem com ninguém. O que surge é o tom do discurso desse ser ambíguo e engajado das demais composições do disco, construindo uma identidade que torna possível habitar esse novo mundo, regido por princípios éticos pós-punks, e que tenta sobreviver à falta de esperança em relação ao futuro e à falta de crédito em relação ao passado.

Em meio a esses elementos, "Será" é uma canção romântica, que revela o desamparo característico da juventude ("Quem é que vai nos proteger?") e a necessidade urgente de criar um grupo ao qual pertencer, independente e ao mesmo tempo desprotegido, o que a pergunta revela, e o questionamento impera.

"Será" é composta por frases interrogativas em três estrofes, todas mostrando o receio diante de um futuro incerto ("Será só imaginação? / Será que nada vai acontecer? / Será que é tudo isso em vão? / Será que vamos conseguir vencer?"). Nessa inclusão do outro na dúvida sobre o incerto está o convite ao diálogo, chamando o pensamento alheio à reflexão sobre o que se vive em conjunto. É preciso refletir, agir, mover-se diante do impasse. Puro punk-rock romântico. Para Caetano Veloso, em "Verdade tropical" (1997, p. 42), nesse momento da MPB nacional acontecia a retomada do brega:

> Nos anos cinquenta os brasileiros tinham como música comercial sobretudo aquele tipo de canção sentimental barata que, depois de anos de Bossa Nova, rock americano, neo-rock'n'roll inglês, tropicalismo e rock brasileiro (BRock), voltou a dominar o mercado no final dos anos 80 e início dos anos 90 qualificada como "brega" (palavra da gíria baiana, hoje usada como adjetivo mas na origem um substantivo chulo que siginificava "puteiro"), dizem que a partir do nome Padre Manoel da Nóbrega de uma rua de prostituição em Salvador ou Cachoeira, sobre cuja placa quebrada restavam apenas as duas últimas sílabas do sobrenome do sacerdote.

Renato nunca negou seu gosto pessoal pelo brega-romântico. Até mesmo nas influências musicais revelou ouvir Cauby Peixoto e Emilinha Borba, indo até Menudo, sendo que uma das canções do conjunto porto-riquenho, "Hoje a noite não tem luar", foi regravada por ele de maneira bem despretensiosa no "Acústico MTV" (lançado em 1999, três anos após a morte de Renato) e converteu-se imediatamente num grande sucesso nas rádios. Até aqui ele já demonstra algo do que virá nos próximos álbuns da Legião Urbana. A voz presente neste primeiro disco é de um sujeito cheio de referências, que cita outros sujeitos, grandes figuras históricas, formadores de opinião e polêmicos ídolos do punk rock e do pop num movimento amplo que define o estilo de Renato em todas as suas composições. Nos versos desse álbum, aparece um sujeito marcado pelo diálogo inconstante com o outro, vivendo uma indefinição que nasce em seu interior e vai até seus afetos, desafetos e para sua visão de mundo. Há o protesto, o registro do tempo de uma juventude cerceada pelas obrigações típicas deste tempo, marcada pelo punk, movimento de protesto, mas não de todo absorvido e desenvolvido nas letras.

Verdadeiro marco da diferença em relação aos assuntos presentes nas canções radiofônicas desse tempo, "Baader-Meinhof blues" é a oitava faixa deste disco, em autoria conjunta com a banda. Faz referência a uma organização terrorista alemã da década de 1970 responsável por diversos atentados, cujo nome advém dos sobrenomes de dois dos principais líderes do movimento: Andreas Baader e Ulrike Meinhof – os quais morreram na prisão entre 1976 e 1977, supostamente cometendo suicídio durante o próprio julgamento. O objetivo dessa organização era forçar o Estado a reagir com violência, para incitar uma revolução.

O primeiro verso deste poema, "A violência é tão fascinante", segue o título e revela uma fala que se choca com o cotidiano, já representado nos próximos versos: "E nossas vidas são tão normais / E você passa de noite e sempre vê / Apartamentos acesos / Tudo parece ser tão real / Mas você viu esse filme também" (nada mais metrópole, mais brasiliense, que os prédios com as janelas amareladas em contraste com o breu da noite). Temos o eu-lírico em contradição, indo das antíteses aos oxímoros nos versos seguintes: "Já estou cheio de me sentir vazio / Meu corpo é quente e estou sentindo frio".

Nestes opostos também estão o desencanto e a solidão, revelados na segunda estrofe, em que a necessidade de ouvir alguém chamando o seu nome se choca com a afirmação final de que o estado deste "eu" é independente. Cheio de dilemas existenciais, mais uma vez o sujeito construído no/pelo poema se confirma nesses versos e fica a impressão de que não há tanta certeza sobre si, mas sim registro da fina ironia que será presente na composição de Russo no futuro: "Não estatize meus sentimentos / Pra seu governo, / O meu estado é independente". Não dá para enquadrar este sujeito que não está atrelado a nada. É uma afirmação de independência cheia de referências pops e em choque com a realidade. Esse blues prepara o leitor atento para o eixo que compõe o pensamento de Renato.

Primeiro verso da primeira letra de canção deste álbum, "Tire suas mãos de mim" encontra a paz da volta ao lar no derradeiro verso – "Estamos indo de volta para casa". Entre eles habita o sujeito desconexo e, ao mesmo tempo, espectador de um tempo de absurdos, em formação. Essa casa não tem endereço certo e pode ser construída com os versos que virão. A banda, nestas composições que analisamos, aponta uma direção possível, enigmática, criando um sujeito mutável que tem eixos desconexos em si e no espaço. Tudo é nebuloso, fresco e jovem, mistura que inicia a trajetória poética da Legião Urbana, que vai se consolidar de fato no próximo álbum, o "Dois".

Álbum 2 – *Dois*

O segundo álbum, "Dois", foi lançado em 1986. O disco deveria ser duplo e se chamar "Mitologia e intuição", mas o projeto foi recusado pela gravadora, fazendo com que o LP saísse simples. Em seu começo é possível ouvir um pouco da canção "Será" envolta em ruídos de rádio e do Hino da Internacional Socialista. Escuta-se, em meio a esses outros ruídos e a outras músicas, o seguinte trecho de "Será": "Brigar p'ra quê / Se é sem querer". A Internacional Socialista (IS) é uma organização internacional que busca a divulgação e implementação do Socialismo Democrático através da união de partidos políticos social-democratas, socialistas e trabalhistas. Foi fundada em 1951 com a denominação Internacional Operária e Socialista e atualmente possui 160 partidos de mais de cem países do globo, sendo uma das maiores organizações partidárias em atividade.

É o segundo álbum mais vendido da banda, com mais de 1,5 milhão de cópias. Há nele 12 canções que já demarcam a Legião Urbana como representante de um novo fenômeno pop brasileiro, cuja popularidade acompanhava a personalidade marcante de seu vocalista e principal compositor. "Daniel na cova dos leões", "Quase sem querer", "Acrilic on canvas", "Eduardo e Mônica", "Central do Brasil", "Tempo perdido", "Metrópole", "Plantas embaixo do aquário", "Música urbana 2", "Andrea Doria", "Fábrica" e "Índios" são músicas que passeiam por um vasto repertório motivador. Seus temas vão do romance ao existencial, sem deixar de lado a crítica social e o diálogo com os textos bíblicos. Nas canções da Legião Urbana, vários temas coexistem num hipertexto pré-cibercultura, em que os autores já tinham a consciência de trazer às letras um cruzamento inusitado de referências. No encarte, um aviso: "Ponha no volume máximo".

A terceira canção do álbum demonstra muito da filosofia que a Legião usa como ferramenta em suas composições: "Acrilic on canvas" é um mergulho no lirismo que surge no pós-punk, e esta canção em particular mescla universos com metáforas ricas em referências estéticas e teóricas, que Renato colheu da experiência da irmã Carmem com a pintura (por isso o título, "óleo sobre tela", em inglês), que ele revelou ser a fonte da inspiração para as analogias que construiu aqui: "De você fiz o desenho mais perfeito que se fez / Os traços copiei do que não aconteceu / As cores que escolhi entre as tintas que inventei / Misturei com a promessa que nós dois nunca fizemos / De um dia sermos três". E Renato prossegue, usando as referências da pintura: "Trabalhei você em luz e sombra / E era sempre, não foi por mal / Eu juro que nunca quis deixar você tão triste / Sempre as mesmas desculpas / E desculpas nem sempre são sinceras / Quase nunca são".

Aqui se fecha o movimento para revelar a tristeza pelos planos não cumpridos, o que se manifesta pelas imagens: "não aconteceu", "inventei" e "planos que nós dois nunca fizemos". Essa frustração conduz a letra até o íntimo. Após a fúria da "Geração Coca-Cola", há um "eu" voltado para si mesmo, isolado, com planos nunca partilhados – sendo este o início de uma demonstração do que os pensadores Christopher Lasch e Byung-Chul Han apontam como o principal efeito sobre o sujeito contemporâneo: o fechar-se em si, ensimesmamento. É o eu sem o outro – estética da angústia amorosa/existencial, o sujeito que não consegue concretizar o sentimento, no âmbito carnal ou da correspondência de afetos. Daí temos a angústia interior, a dolorosa constatação da verdade solitária, do amor que inflama um ser apenas, o que projeta o sujeito ao mais profundo do seu eu, em busca de entendimento.

O vocabulário está ligado às artes plásticas, por isso, palavras como "traços" e "sombra" são alternadas com reflexões do eu-lírico sobre o sujeito amado. "São duas manifestações artísticas distintas que aqui se unem, formando uma declaração de amor das mais originais" (CASTILHO; SCHLUDE, 2002, p. 159). O ouvinte/leitor é capaz de criar a imagem das situações vividas e idealizadas através das palavras: "De você fiz o desenho mais perfeito que se fez / Os traços copiei do que não aconteceu / As cores que escolhi, entre as tintas que inventei". Os Renatos (Russo e Rocha), Dado e Bonfá criam um sujeito que mergulha em metáforas a fim de expressar sua dor. Na vivência do amor platônico, ele mergulha na construção de um sonho, em que tudo acontece como se fosse a concepção de uma pintura, juntando os itens usados pelo pintor à idealização de uma relação que não chega a se concretizar.

O termo "amor platônico" surge com Marsilio Ficino, no final do século XV, que faz uso da terminologia como sinônimo de amor socrático, que seria um amor voltado para o caráter e a inteligência do indivíduo, desconsiderando seu aspecto físico. Na obra "Amantes platônicos", de William Davenant, o termo surge modificado. Para o poeta inglês, o amor é retratado tal como no Simpósio de Platão, como raiz de todas as virtudes e da verdade, desprovido de paixões, pois estas são ligadas ao material, ao efêmero, sendo o mundo das ideias este local de perfeição de todas as coisas.

Surge na letra uma marca rara de gênero dentre as composições de Renato, em um único verso: "Sinto muito, ela não mora mais aqui", o que indica que o sujeito desejado seria do gênero feminino, o que marca a construção de um romance entre gêneros, já que a voz no poema seria do gênero masculino, traço resgatado de um único elemento: "Misturei com a promessa que nós dois nunca fizemos / De um dia sermos três". O "dois", então, diz que o amor aqui relatado – que pode até mesmo nem ter acontecido, aberta a janela de que tudo seja invenção, inclusive essas demarcações de gênero – ocorre entre um homem e uma mulher. Na verdade, essa discussão não eleva ou diminui o significado dessa composição, considerada uma das mais elaboradas da Legião, que optou por, tal como Salvador Dali (pintor catalão, ícone da estética surrealista), fazer um relato onírico para um amor surreal, limitado pela ausência e por mágoas que pedidos de desculpas não apagam.

Para o sujeito, "desculpas nem sempre são sinceras, ou quase nunca são", uma reflexão que revela ainda a reincidência: "E era sempre, não foi por mal / Eu juro que não foi por mal / Eu não queria machucar você / Prometo que isso nunca vai acontecer mais uma vez / E era sempre, sempre o mesmo novamente / A mesma traição". Entre o real e o imaginado está a vivência da traição, do comportamento repetitivo de ferir o outro; e a força do advérbio "sempre" carrega a tristeza, aumenta o pesar. Entre o amor platônico e algo de fato consumado, o poema é todo feito dessa oposição entre o real e o imaginado: "Mas então porque eu finjo / Que acredito no que invento / Nada disso aconteceu assim / Não foi desse jeito. // Ninguém sofreu / E é só você / Que provoca essa saudade vazia / Tentando pintar essas flores com o nome / De Amor-perfeito e Não-te-esqueças-de-mim".

Esse segundo álbum já carrega a força dramática trazida pelo romantismo melancólico e desesperançoso do autor, que seguiria nessa linha até o último trabalho, o que o lança em um caminho ainda mais rico que o primeiro, mais ligado ao ideário do punk e pós-punk. A Legião investe em um outro momento de sua poética, na direção do coletivo, dos sentimentos que unem todos os indivíduos, independentemente de gênero. Foi também a partir deste álbum que Russo inaugurou sua performance "desvairada" no palco, usando as camisas de mangas bufantes e coreografias desencontradas, quase como um pierrô bêbado, lançado no espaço em meio a versos que propagavam o estado poético de um sujeito entregue a relacionamentos conturbados, solitário e inconformado, portador de uma angústia existencial que o consumia. Russo transbordava em sua atitude rock and roll e performance no palco. Era ali tudo o que suas letras diziam e muito mais, expurgo de si mesmo.

Esse caminho que conduz "Dois" fica claro com "Eduardo e Mônica" e o seu fim marcado por "Índios", canção de extremo lirismo, contraponto da força introdutória do primeiro "Legião Urbana", que é marco também do novo patamar em que a banda está após seu lançamento (e aceitação) no mercado e os vários shows pelo país. Com estes sujeitos como protagonistas de suas canções, elas atingiam em cheio o espírito dos consumidores dos produtos da Legião Urbana. "Dois" foi este álbum que marcou uma mudança nos produtos da banda, já sucesso de vendas e público. Com um bom desempenho nas rádios e nos shows, aqui houve um "aval" para que Renato compusesse também canções sem letra, melodia pura, para serem usadas como interlúdios entre as faixas nos álbuns, que funcionaram como "respiro".

Temos então "Central do Brasil", composição que se refere à estação ferroviária no Centro do Rio de Janeiro, representativa do pulsar do cotidiano, trânsito dos trabalhadores, cruzamento de linhas, pressa e suor, contraditoriamente ao "respiro". Instrumental, ela inaugura um estilo que será seguido em todos os demais álbuns da Legião Urbana: a inserção de uma música sem letra entre as demais. Intencional, funciona também como prelúdio, como nas óperas e balés, dando o tom da canção que vem em seguida. Lenta, com uma batida repetitiva e tranquilizadora. Funciona muito também para reforçar a tendência de que a Legião vai sofisticando suas canções quando entram outros produtores musicais e mais recursos.

Álbum 3 – *Que país é este 1978-1987*

"Que país é este 1978-1987" (1987) é o álbum que nasce da reunião de músicas do Aborto Elétrico e que nunca haviam sido gravadas comercialmente. A faixa-título abria todos os shows da banda, indo ao encontro de uma plateia que vivia sob os planos monetários do governo Sarney e a descrença em seus governantes. Uma das principais músicas do disco é "Faroeste caboclo", que ocupou mais da metade do tempo total de gravação do LP e foi composta em duas tardes por Renato. Essa canção tornou-se lema de uma geração, que decorou os 159 versos da narrativa sobre o migrante João de Santo Cristo e suas peripécias pelas cidades-satélites e o Plano Piloto de Brasília.

Curiosamente, na transição entre esse e o próximo disco da Legião Urbana, há dois anos decisivos na história de Renato e da banda. A música "Que país é este" foi escrita em 1978, na época em que Russo ainda fazia parte do Aborto Elétrico. Affonso Romano de Sant'Anna lança, em 1980, o livro de poesias "Que país é este?". Na letra da canção de Renato Russo, o movimento da onda causada pelo conflito entre introspecção e expansão em seus versos atinge novamente o país, menciona os estados da federação e o patrão que descansa sob o esforço dos empregados. Há ironia explícita, o país como piada no exterior e o uso do discurso "vamos faturar um milhão", que culmina com a terrível frase da venda das almas dos índios num leilão, o que remete a outras letras de Renato e à própria condição de terceiro mundo/colônia a que o Brasil está sujeito.

O autor realiza a intenção de chocar o público com o tom de protesto escolhido. A prova disso vem no vocabulário adotado – "sangue", "venda", "almas", "leilão" –, que está relacionado à expressão de algo que soa totalmente antiético. A repetição da pergunta "Que país é este?" e o refrão que era cantado em coro como resposta a esta indagação evidenciam um período em que o Brasil estava saindo da crise política por caminhos ainda mal desenhados. No começo da década de 1980 não havia certezas e a atitude pós-punk-protesto vinha como arte engajada para a banda e para a canção, que virou lema daquela geração, ainda em trânsito.

À medida que as ideias de libertação nacional iam tomando forma, a função social da poesia e da canção mostrou-se parte de todo um processo histórico. "Que país é este" foi uma dessas canções de forte função social, além de hino de um tempo marcado pela redemocratização. No refrão, uma pergunta – e "essa pergunta não é uma pergunta, é uma exclamação!", frase de Renato que traz o ideal dessa composição – que virou lema de um tempo que não acaba, tendo em vista que ainda hoje é entoada nos protestos de massa, diante das manobras dos políticos mesmo diante da opinião pública, ainda conectada e em tempo real.

Junto com "Geração Coca-Cola" este poema grudou na juventude que vivia os dissabores da década de 1980, em plena transição entre ditadura e "liberdade", todos em dúvida sobre o próprio futuro e o do país. Ao resgatar no terceiro LP da banda uma letra que havia escrito em 1978, o cancionista trouxe para o ano de 1987, quase uma década depois, o mesmo sentimento de indignação, com um refrão simples e eficaz, cru como o estranhamento com a política do período: "Nas favelas, no Senado / Sujeira pra todo lado / Ninguém respeita a Constituição / Mas todos acreditam no futuro da nação".

Muito se pergunta sobre as influências entre o poema de Renato e o escrito por Affonso Romano de Sant'Anna, com o mesmo título; parece ser apenas uma coincidência estética, ainda que o tema seja o mesmo. O poema de Sant'Anna mostra que ele expressa o mesmo que Renato, mas com versos mais ferozes e contundentes, explorando não só a indignação política, mas a memória da opressão a que nosso país se sujeitou (e pela qual sofre até hoje).

Na verdade, "Índios", presente no segundo álbum da Legião Urbana, também dialoga com esse poema de Affonso Romano. Esta canção traz uma rede de provocações para questionar as origens do público e a formação da identidade brasileira, muito bem captada por Florestan Fernandes ao falar da revolução burguesa no país, dentro do terceiro volume de "Intérpretes do Brasil" (2002). Ele analisa a transição dos senhores do café, por exemplo, para sujeitos urbanos e economicamente funcionais e o papel dos imigrantes como pessoas que viveram de modo mais completo a concretização da mentalidade capitalista (p. 1.616).

Os donos do poder não mudaram, apenas se adaptaram, e os papéis sociais, econômicos e históricos dos sujeitos à margem do sistema, que passou da Monarquia à República sem revoluções internas, mostram que ainda hoje pouca coisa mudou na sociedade de classes. Não à toa, a deputada federal Erika Kokay (PT-DF) cunhou o termo "bancada BBB" em uma reunião de bancada do Partido dos Trabalhadores em 2015, referindo-se à bancada armamentista (da "bala"), à bancada evangélica (da Bíblia) e à bancada ruralista (do "boi"), numa representação simbólica do poder operante contra os direitos humanos e minorias no Brasil. No documentário "Democracia em vertigem", de 2019, a cineasta Petra Costa demonstra claramente a persistência e as coligações que mantêm essa tríade no poder e como tal fato foi responsável pelo golpe que retirou do poder a então presidenta Dilma Rousseff.

Há um legado de protesto que vai além do punk e mostra que a geração de artistas que se manifestava no período da ditadura não queria mais sufocar o protesto, impondo sua marca poética de maneira contundente. Os ecos trouxeram uma geração de escritores inquietos, ainda sob o efeito do silêncio forçado da ditadura, tal como a geração da poesia marginal, da qual Nicolas Behr, "cria" de Brasília, fez parte e por isso foi interrogado pelo DOPS. O Departamento de Ordem Política e Social, criado em 1924, foi o órgão do governo brasileiro, utilizado principalmente durante o Estado Novo e mais tarde no Regime Militar de 1964, cujo objetivo era controlar e reprimir movimentos políticos e sociais contrários ao regime no poder.

Estes poetas que cercavam o processo punk criativo na capital na década de 1980 vinham da contracultura e, como poetas independentes que eram, ousaram no conteúdo de suas publicações e na maneira de divulgá-las. "Nem tudo o que é torto é errado. Veja as pernas do Garrincha e as árvores do cerrado", escreveu Behr. Comum e clássico nas noites dos tradicionais bares Beirute e Libanus, localizados nas quadras centrais do Plano Piloto, Asa Sul, era boêmio deparar-se com o poeta e tantos outros vendendo seus livros impressos em casa mesmo, muitas vezes finalizados à mão. Não dava mais para falar em inocência, todos sabiam dos desafios da arte nesse tempo, exilados ou não. O que ficou foi uma cicatriz viva, que se nega a silenciar tantos açoites.

Muitos foram os artistas expulsos do país nesse período, sem mencionar os que desapareceram, vítimas da tortura e da morte, e as produções culturais todas traziam um cuidado com a linguagem para burlar os "fiscais" da censura que, quando descobriam haver algo "perigoso" nas obras, vetavam sua veiculação.

Entre "Dois" e "As quatro estações" (quarto disco da Legião, que se segue a "Que país é este 1978-1987"), aconteceram dois shows em Brasília que demonstraram a difícil relação entre a banda, seu discurso e os fãs na capital federal. Em 1986, no Ginásio Nilson Nelson, houve um quebra-quebra; e em 1988, no Estádio Mané Garrincha, a intervenção da polícia foi necessária, mas não conseguiu evitar a ação dos vândalos contra a cidade e a própria banda. Se da primeira vez a Legião ficou dois anos sem ir a Brasília, depois do segundo incidente não voltaria mais. Esses shows revelam esse estranho estado das coisas na capital. Com um presidente recém-eleito e o fim da ditadura militar, a população estava inquieta e reagia diante de qualquer demonstração de intolerância.

As músicas da Legião Urbana eram terreno próprio para a contestação, mas a situação parecia confusa quando Russo pregava bom comportamento, ao mesmo tempo em que gritava "Que país é este?".

A aura de messianismo trouxe contra ele seu público na apresentação de 1988. Após subir ao palco, um garoto com deficiência o agarrou e então, diante da reação dos seguranças, veio a ira dos que estavam próximos da cena. Com uma estrutura fora dos padrões esperados para um público de 50 mil pessoas, o caos se instalou no estádio.

Para Sylvia Cyntrão (2008), esse dia mostrou como a catarse que se sucedeu no show serviu para apaziguar a revolta de quem viveu a ditadura militar no Brasil:

> Pois bem... Eu vi Renato Russo naquele 18 de junho de 1988, em Brasília. Convidada por um amigo entusiasmado, e enlevados pela presença carismática do cantor-compositor, não entendemos direito quando começou a confusão no palco do Estádio Mané Garrincha. Estávamos na arquibancada. Lembro-me de Renato tentando se justificar, brigando, depois tentando cantar, do palco se encher de garrafas, da banda se retirando e do meu amigo me puxando pela mão dizendo: "É melhor correr". Do lado de fora do estádio ainda vimos a cavalaria entrar pelos portões de saída... Já longe da confusão, ainda sob o impacto do inesperado, tentávamos explicar o – naquele momento – inexplicável. [...] 20 anos depois daquele 1988, se pode dizer com mais segurança que foi essa mistura ambígua, muito própria da subjetividade do existencialmente angustiado Renato Russo, que desestabilizou naquela e em outras noites a comunicação da mensagem da banda Legião Urbana com seu público.

Esse relato confirma que não dava mais para a Legião Urbana atuar sem um aparato profissional, muito menos na capital do país, marcada pelas transformações políticas vertiginosas que aconteceram após o ano de 1985. Havia algo diferente na atmosfera da capital, como observado por Carlos Marcelo em entrevista à repórter Daniela Paiva, do "Correio Braziliense", de 17 de maio de 2009, no Caderno C: "Brasília é uma história de utopia. E a história de Renato é uma história de utopia. Nesse momento, há um choque entre duas utopias frustradas – a de Brasília e a de Renato. A utopia dele de ser um grande roqueiro aconteceu. Mas foi frustrado o reencontro com a cidade". Carlos Marcelo refere-se a este último show da Legião Urbana, testemunhado por Cyntrão. Dali em diante a banda teria a noção exata de seu tamanho, deixando de se ver apenas como punk e abraçando o rótulo de banda pop: "Até o show do Mané Garrincha a Legião achava que era uma banda punk, mesmo tocando para grandes multidões. A própria estrutura para a turnê seguinte, para lançar o disco "As quatro estações", mudou, ficou grandiosa, com músicos de apoio" (MARCELO, 2009, p. 2).

De fato, o que explodiu no estádio foi a junção de fatores de um tempo crítico politicamente. Os jovens estavam indignados com a oscilação no poder e encontraram no discurso de Renato Russo o fio de coragem necessário para extravasar este sentimento e a própria opressão. A plateia de Brasília recebeu seus meninos com fúria, síntese do mal-estar coletivo que estava presente no espaço urbano. Na mistura dos sentimentos da cidade e de seu povo estavam não só o quadro recém-instaurado e frustrado de democracia, mas o ranço de estranheza pela capital ainda não ser toda formada, com espaços vazios enormes e muita terra vermelha entre as quadras. A cidade e seus habitantes tornaram-se uma coisa só. As letras de Renato não deixariam, portanto, de dialogar com a cidade em que cresceu, sempre terreno crítico para o autor, que não retornou à capital após esta explosão coletiva de 1988.

O autor subestimou seu poder diante de um público que esperava muito mais, tanto da cidade quanto do performer. Renato não soube dosar em seu discurso o impacto de suas palavras, e o que se viu foi um expurgo que projetou na Legião Urbana a frustração contra a cidade, a política e até mesmo contra si próprios – cidadãos entristecidos e impotentes da antes terra prometida, a nova capital, planejada, do Brasil.

Esse terceiro álbum da Legião Urbana foi um marco no cenário do pop rock nacional, tanto que, 23 anos após seu lançamento, foi escolhido em um ranking da revista "Veja" proposto aos leitores, com 33% dos votos, como o melhor disco de rock brasileiro da década de 1980, seguido por "Cabeça dinossauro", dos Titãs, com 19%, e "Nós vamos invadir sua praia", do Ultraje a Rigor, com 17%. Isso se deve ao espírito das canções desse LP. Houve o encontro entre as letras e o desencanto do tempo em que elas surgiram.

No entanto, apenas duas letras do álbum foram escritas após o "Dois", "Angra dos Reis" e "Mais do mesmo", sinais claros do que viria dali em diante. As demais composições já existiam e caracterizaram esse encontro explosivo com os fãs. "Que país é este" tornou-se hino de manifestações dali em diante, e "Faroeste caboclo" foi o azarão, já que não se acreditava ser possível que uma canção tão longa fizesse sucesso, sendo uma das músicas mais veiculadas nas rádios. O que esse álbum sem unidade temática deixa de herança é a força que um discurso de protesto adquire quando surge no momento certo. O país que encontrou "Que país é este 1978-1987" era sinônimo da pergunta feita aos gritos por um vocalista já ultraperformático, um Renato Russo inconformado com a juventude que o seguia, que pregava em seus shows a favor de uma verdadeira consciência do jovem diante dos fatos. "Não havia nada de político nessa rebeldia, havia, sim, era muita insatisfação com a caretice e a opressão dissimulada reinantes", declarou Renato Russo durante um debate sobre o rock brasileiro promovido pela revista "Bizz" e publicado em 1988.

Álbum 4 – *As quatro estações*

Após o trágico incidente ocorrido no show em Brasília, em 1988, o quarto disco da Legião veio num tom mais baixo e melancólico. Seu título já provoca uma reflexão ao propor um passeio pelas estações do ano. Primavera, verão, outono e inverno, os quatro tempos/climas de um ano inteiro, para o qual Russo compõe uma ópera completa. O que viria neste quarto disco, "As quatro estações" (1989), é uma aura quase sagrada, epifânica e carregada de transcendência. A Legião alcança um recorde de vendas e Renato Rocha já não estava no grupo devido aos atrasos e à falta de compromisso na gravação do quarto disco. Foi feita uma reunião na gravadora e decidiram pela saída do baixista, que ainda assim recebeu uma participação nos lucros do álbum.

Russo e seus parceiros entenderam o poder de seus versos e resolveram acalmar os ânimos em um LP menos furioso e mais introspectivo. Com "Há tempos", "Pais e filhos", "Monte Castelo" e uma canção escrita para Cazuza ("Feedback song for a dying friend"), as composições da banda trazem uma serenidade triste, com versos que falam da virtude perdida, um suicídio e o uso de drogas. Tanta diferença em relação ao terceiro disco deve-se também ao fato de o álbum não trazer faixas antigas de Renato, sendo composto por canções novas. E depois dos incidentes em Brasília, a Legião entendeu sua nova estatura e as novas condições que deveriam existir para lidar com seus seguidores em seus shows. É um disco voltado para dentro, umbilical, as composições seguem uma poética de rendição, e os súditos da Legião recebem o apelo a um reencontro pacífico proposto pela banda.

Renato escreveu uma nota final em "As quatro estações", na qual mencionava as fontes de onde havia tirado os versos de "Há tempos", "Quando o Sol" e "Monte Castelo". Nesse parágrafo explicativo, o autor faz os seguintes esclarecimentos: "Existem marés e existe a lua. O segundo verso de 'Há tempos' é de um texto achado numa igreja de 1600 e alguma coisa na Europa e veio por carta (oi Luzia!). O legal é que quando minha prima voltou do encontro jovem lá estava a mesma frase, o mesmo texto, desta vez atribuído a um autor hindu desconhecido, na apostila (junto com a foto dos jovens do encontro para você guardar de lembrança etc)".

O verso ao qual ele se refere é "muitos temores nascem do cansaço e da solidão", precedido pelo verso inicial "parece cocaína mas é só tristeza, talvez tua cidade" e seguido por "e o descompasso e o desperdício / herdeiros são agora da virtude que perdemos". Juntos, formam a primeira estrofe de "Há tempos", uma canção símbolo da geração que reconhecia a estranheza e se sentia representada por palavras como "tristeza", "temores", "cansaço", "solidão", "descompasso" e "desperdício". O segundo verso, "muitos temores nascem do cansaço e da solidão", tem uma conotação messiânica não só por estes versos terem sido vistos em uma igreja, uma adaptação de "muitos medos nascem da fadiga e da solidão...", trecho da "Desiderata", texto distribuído nas liturgias em todo o mundo. O além texto aqui reside no fato de que a escolha dos temas para a composição desse álbum não partiu de um autor ingênuo, mas de um compositor atento e movido pela angústia. Renato contribui, no encarte, para mitificar ainda mais o conteúdo da sua letra.

A Legião cria um conjunto semântico sem esperança, como o homem que está diante do abismo e sente vontade de saltar. Essa estrofe inicial gerou uma reação adversa na recepção da canção, já que o discurso se inicia com uma referência explícita: "Parece cocaína mas é só tristeza, talvez tua cidade / Muito temores nascem do cansaço e da solidão / E o descompasso e o desperdício / herdeiros são agora da virtude que perdemos". Uma juventude que perdeu as referências e as certezas, lenta e triste porque se acha perdida. Nesta falta de equilíbrio, o sujeito se vê cambaleante e desesperançoso, além da virtude perdida, herança do século XIX, que vem também da promessa não cumprida de liberdade das décadas de 1960 e 70, que vai dar no vazio existencial dos anos de 1990.

A sensação de impotência dá o tom da letra, que termina com um verso que mostra esse espírito desgarrado, presente nesse indivíduo a ponto de desistir de tudo a todo instante: "E ela disse: – Lá em casa tem um / poço mas a água é muito limpa". Em um poço de água limpa não se pode beber quando o sujeito se sente impuro. É como se a fonte fosse só para os puros, tudo o que o sujeito não é quando partilha sua dor, ancestral, antiga, e por isso mais amarga, que se confunde com seu próprio ser. Para Angélica Castilho e Erica Schlude, este é um dos versos mais enigmáticos da banda e mais bem compreendido quando analisado sob o enfoque do que o poço simboliza:

> Possuindo um caráter sagrado em todas as tradições, basicamente é o símbolo da abundância e a fonte da vida. Para os hebreus, por exemplo, as nascentes resultam de um milagre. A água que jorra da fonte possui um sentido de bebida da vida e do ensinamento. No I-ching, o hexagrama 48, "tsing" (poço), diz que um poço bem cheio de água e não coberto é símbolo da sinceridade, de retidão, enfim, da felicidade. Nos contos esotéricos, sua imagem relaciona-se com o conhecimento e com a verdade que está no fundo do poço. (2002, p. 78)

A intenção do texto traz, ao mesmo tempo, desalento e devaneio, por isso a frase final dessa letra é tida como um dos mais belos versos da composição de Renato. A melancolia presente nesses versos ecoa no fim da década de 1980, tempos em que a promessa de um futuro brilhante para o país se chocou contra a política malsucedida. A nação recebe "Há tempos" como hino de um mal-estar coletivo, e os versos "disseste que se tua voz tivesse força igual / à imensa dor que sentes / teu grito acordaria não só a tua casa / mas a vizinhança inteira" atendiam tanto às desilusões amorosas quanto ao caos político de uma sociedade recém-liberta da ditadura, dando voz a uma juventude que seguia contida em si mesma para uma existência vivida num terreno de vazios referenciais.

Renato costumava dizer que essa música sintetizava todos os outros apontamentos das letras que compõem "As quatro estações". "'Há tempos' começa tranquila; no final eu estou me esgoelando. Mas, quando você vê aquele bando de gente cantando (...) não tem como não se emocionar", disse ele em fala registrada por Rogério Santos na página do fã-clube "Legião Urbana Infinito", no Facebook, em 29 de janeiro de 2016. A mídia enxergou um viés fascista do cancionista pelo uso da frase "disciplina é liberdade". Em uma entrevista para a revista "Bizz" em 1990, Renato afirmou que, antes de insinuar submissão, ele se referia à autodisciplina: "Se você pensar numa relação sujeito-objeto, é fascista; mas, numa relação sujeito-sujeito, não é". O que o autor busca é um sujeito que fala de sobrevivência diante de um horror antigo. Parece um Dorian Gray exausto, repetindo um lema para sustentar os dias: "Meu amor / Disciplina é liberdade / Compaixão é fortaleza / Ter bondade é ter coragem".

Essa mesma frase, "disciplina é liberdade", faz alusão aos lemas presentes no livro "1984", de George Orwell: "liberdade é escravidão" e "ignorância é força". Ao serem apropriados na construção de Renato, o sujeito mostra a agonia de seu testemunho: "E há tempos nem os santos / Têm ao certo a medida da maldade. / E há tempos são os jovens que adoecem". Renato segue adiante e mostra ainda um certo desânimo: "Há tempos o encanto está ausente / Há ferrugem nos sorrisos / E só o acaso estende os braços / A quem procura abrigo e proteção".

Renato Russo declarou que, enquanto compunha "Há tempos", tinha a preocupação em fazer uma música que durasse, "um texto que daqui a 200 anos, se a pessoa pegar, não vai precisar de nota de rodapé". Ele se refere aos versos acima, pois, para ele, "pode ser numa vizinhança *hi-tech* em Nagoia, Osaka, ou pode ser Vila Rica". "Isso foi uma coisa com que sempre me preocupei, uma coisa que aprendi com Drummond e Pessoa, não querendo me comparar, é claro", afirmou em entrevista concedida para "O Globo", captada por Arthur Dapieve para seu livro.

Outra canção emblemática desse espírito que busca evolução e redenção é "Feedback song for a dying friend", escrita em inglês. Composta em homenagem a Cazuza, ela teve sua versão para o português produzida por Millôr Fernandes, a pedido de Renato. Tal pedido fez com que Millôr relatasse sobre o evento, por conta da surpresa com a iniciativa do cancionista, que dominava a língua inglesa muito bem, mas fez questão da tradução do escritor. No relato de Millôr:

> Porém, traduzido o poema, sendo o poema audacioso e seu autor vivo, entrei em contato com ele para aprovação. Renato não corrigiu uma palavra. Apenas, aqui e ali, murmurava, perplexo e escandalizado: "Deus do céu, eu escrevi isso?", confirmando a minha tese de que não há bilíngue. Só quando ouviu em sua própria língua o que tinha escrito em inglês Renato percebeu a audácia do que dizia. Do lado de cá, o surpreendido era eu. Com toda razão tendo opinião não muito lisonjeira a respeito do nível intelectual da maioria dos roqueiros, fui ficando admirado com a sutileza e justeza das observações de Renato e da perfeição com que ele citava coisas em inglês – incluindo Shakespeare. Seu inglês era, definitivamente, melhor do que o meu.

Sendo Renato fluente em inglês a ponto de compor com esta desenvoltura, por que chamar Millôr se ele mesmo seria capaz de fazer a tradução? Talvez por Millôr ser também um polêmico desenhista, humorista, dramaturgo, escritor, tradutor e jornalista brasileiro, a quem respeitava e de quem esperava algum elogio? Isto também confirmaria o valor do seu trabalho como compositor em língua estrangeira.

Suposições feitas, Millôr sempre levou o ofício da tradução a sério, foi responsável por trazer para o português 74 obras, entre as quais "Hamlet", de Shakespeare, "O jardim das cerejeiras", de Tchekhov, "Assim é se lhe parece", de Pirandello, e "Antígona", de Sófocles.

Sempre atuando no rigor na tradução, ele também era conhecido por tomar liberdades muito pessoais, o que defendia abertamente.

Uma das mais líricas composições da Legião Urbana, "Canção retorno para um amigo à morte", na tradução de Millôr, é uma elegia à felicidade do encontro, no instante da coincidência de almas. Revelando o que Renato abordaria somente nos últimos álbuns da Legião, temos um sujeito entregue, em estado de torpor diante do outro, em uma espécie de troca que só acontece em níveis muito íntimos, da própria natureza do sujeito, como dor e refúgio, à qual ele não recusa. Do suor de ambos vem o sal da vida, como espécie de seiva que conduz essa relação visceral.

Cazuza e Russo não podiam ter sua relação artística mais bem traduzida. Enquanto um lançava na "cara da sociedade", sem piedade, os efeitos da Aids em seu corpo e mente, o outro silenciava, encerrado em seu apartamento até o dia de sua morte. Ambos, tidos como poetas do rock and roll brasileiro por críticos como Arthur Dapieve e Nelson Motta, foram cancionistas *sui generis* e coexistiram de maneiras opostas, mesmo dentro da órbita das mesmas questões que os afetaram existencialmente: a homossexualidade e a Aids.

Como fecho deste novo tempo para as composições da Legião Urbana e na contramão do discurso de revolta do álbum anterior, o quarto disco da banda veio como uma forma de resgate da utopia perdida, reunindo Camões, mantras budistas, o ardor da juventude e a serenidade da fase adulta, apresentando uma unidade temática e sonora até então inéditas. Na passagem das estações de calor, frio, desabrochar e queda, reflexo das fases pelas quais passa o indivíduo, Renato traça um retrato da transição de toda uma época. Era o final da década de 1980 e um tempo que se iniciava com a morte de um precursor, Raul Seixas, em agosto de 1989.

Algo definitivo aconteceu também no ano de 1989, e o álbum veio para marcar esse estado de espírito. Foi o ano em que Renato decidiu virar pai e adotou Giuliano Manfredini, ao mesmo tempo em que declarava abertamente, em entrevista ao "Jornal do Brasil", em maio, sua homossexualidade: "Eu era muito inseguro. Porque sempre soube que era gay, sempre. O mundo me dizia que eu era doente, pervertido. Eu queria ser completamente diferente e, ao mesmo tempo, aceito pelas pessoas". Este é o ano em que Renato recolheu parte dos seus lucros com a gravadora e foi viver três meses nos EUA, indo de Los Angeles a Nova Iorque, mergulhando no universo da contracultura e libertando muitos dos demônios que a fama no Brasil o impediam de revelar.

Daqui em diante, sua poesia toma um rumo cada vez mais introspectivo, cada vez mais distante dos conflitos políticos e da "alma brasiliense" que nunca o abandonou por completo. Os shows eram o espaço usado por ele para se "confessar" com a plateia sobre os mais variados temas, e este registro do show no Gigantinho, em Porto Alegre, em 1990, marca definitivamente um novo tempo na estética de Russo. Antes de cantar "Like a prayer", canção de Madonna em mix com "Ainda é cedo", cita também "When doves cry" e "Purple rain", de Prince, e "Love will tear us apart", do Joy Division:

> Agora eu vou cantar uma música para minha ex-namorada. Eu gosto de aproveitar o melhor dos dois mundos. São mais de dois mundos. Mas aqui tem menor de idade, então a gente vai ficar por estes dois mesmo! É claro. Dia e noite, claro e escuro, quente e frio. Não é assim que eles ensinam pra gente? Mas não é assim, não, o sistema binário é da era passada. Agora a gente está entrando no sistema de múltipla escolha! Tem quente, tem morno, tem escaldante, tem gelado.

Mesmo defendendo em seus poucos shows e aparições públicas uma liberdade de escolha que substituiria um "sistema binário" de conduta já ultrapassado, em vida Renato não adotou essa conduta de forma explícita. Há uma tensão constante entre o que Renato Manfredini Jr. era e o que queria colocar na persona Russo. O primeiro, tímido e resguardado, encontrava nos flashes das aparições públicas viabilizadas pelos shows da banda o momento para expor e viver suas verdades como sujeito, o que trazia discussões com a plateia (que geralmente acabavam mal) e uma trajetória de shows curta para o desejo das gravadoras e do público. Intercaladas com as interpretações das letras, as "pregações" de Russo traziam o constante transtorno que marcava o interior de Manfredini Jr. quando se expunha aos holofotes.

Álbum 5 – *V*

O que vem pela frente, após o marco fundamental que foi "As quatro estações", é algo que Renato definiu como "o nosso 'Pornography' do The Cure". Este é tido pelos críticos e fãs do The Cure como um dos álbuns mais importantes da banda, marcando um dos períodos mais sombrios dela. Nas canções percebe-se a transição da produção dos ingleses para o estilo rock gótico, com arranjos e letras característicos do pós-punk. Assumidamente consumindo drogas em excesso, a banda tomou outra postura nos palcos e mudou os rumos de seu trabalho. Renato Russo expõe aqui a fase da Legião Urbana em que ele estava sob tratamento contra as drogas, imergindo na reflexão, com tons góticos e messiânicos em muitas das letras que produziu para o "V". Este disco é o relato da cruzada do sujeito num mundo de perda de virtudes. Quando foi lançado, o mercado fonográfico brasileiro começava a transição do popular LP para o CD. Era 1991, e o quinto álbum da Legião Urbana foi lançado em ambos os formatos. Este disco despertou nos críticos a sensação inicial de que a Legião estava gravando recitais de poesia com fundo musical (DAPIEVE, 1996, p. 206).

A Legião Urbana seria então consagrada como a banda que valorizava tanto a letra quanto a música em suas criações, e Renato incorporava o cancionista que embaralha bem as suas letras com este acento poético. "Fragmentos de um discurso amoroso", de Roland Barthes, é inspiração para muitas letras, com a afirmação de Renato de que este livro se tornara o seu de cabeceira. Foi o disco que consolidou uma nova Legião, fato que nos leva a perceber que tanto a banda quanto as composições amadureceram diante dos ouvidos e olhos do público mais atento. Para o autor, esse é o disco mais pesado da Legião.

"Montanha mágica", por exemplo, seria a sua resposta à crítica de que a banda não fazia rock and roll. Já no primeiro verso desta letra, o autor tem a intenção de expor a dúvida que surge em primeira pessoa: "Sou meu próprio líder: ando em círculos / Me equilibro entre dias e noites / Minha vida toda espera algo de mim / Meio-sorriso, meia-lua, toda tarde". Nada decidido, o que se vê é alguém que vive o "entre", no andar em círculos, no ato de equilibrar-se, na angústia de saber-se cobrado, na moeda do falso sorriso e dos dias que correm. Numa referência às drogas que atrapalham o caminho da vida, o sujeito se pergunta o que está fazendo, ao mesmo tempo em que demonstra não ter forças para mudar no momento, por mais que queira. Essa submissão é consentida, mas não revela um eu-lírico alegre, nem resignado: há uma consciência da queda, a percepção de situações que fazem mal, mas que são difíceis de abandonar.

A letra da canção faz referência clara à obra "A montanha mágica", de Thomas Mann (2000), e o cancionista dialoga com o caso de internação da personagem principal deste livro, Hans Castorp, que passa longos anos em um sanatório para tratar inicialmente de uma anemia, que acaba por se tornar uma tuberculose (referência ao que aconteceu à esposa de Mann, Katharina, que seguiu para Davos, na Suíça, para tratar a doença). Inspirações que partem de reconstruções da realidade, os sujeitos da canção e do livro de mesmo nome vivem um tempo próprio, marcado pela rotina de uma casa de tratamentos. Os dias, meses e anos passam lentos, até o ponto em que não é mais possível notar sua passagem. Assim, o sujeito está entregue ao seu íntimo, cercado por um ambiente adoecido, familiar e repetitivo. O último parágrafo do longo romance de Mann (p. 986) dialoga diretamente com a mensagem que Renato buscou transmitir nos seus últimos projetos musicais:

> Adeus – para a vida ou para a morte! Tens poucas probabilidades a teu favor. O macabro baile ao qual te arrastam durará ainda vários anos malignos. Não queremos apontar muita coisa na tua possibilidade de escapar. Para falar com

franqueza, não sentimos grandes escrúpulos ao deixar indecisa essa questão. Certas aventuras da carne e do espírito, sublimando a tua singeleza, fizeram teu espírito sobreviver ao que tua carne dificilmente poderá resistir. Momentos houve em que, cheio de pressentimentos e absorto na tua obra de "regente", viste brotar da morte e da luxúria carnal um sonho de amor. Será que também da festa universal da morte, da perniciosa febre que ao nosso redor inflama o céu desta noite chuvosa, surgirá um dia o amor? *Finis operis.*

No caso da canção, o encontro ocorre com um desvio de causa: "Minha papoula da Índia / Minha flor da Tailândia / És o que tenho de suave / E me fazes tão mal". A "papoula da Índia" ou "flor da Tailândia" já é conhecida há milhares de anos como ópio, e seus efeitos entorpecentes foram usados para fins medicinais, mas é também dela que se extrai um ingrediente da heroína, droga da qual Renato se tornou dependente e que o levou à internação, como ele mesmo confessa em seu diário "Só por hoje e para sempre", publicado pela Companhia das Letras em 2015. É citada na letra de canção como inimigo dúbio, "suave" e causador do mal-estar que acomete o iniciado em seu uso: "Minha papoula da Índia / Minha flor da Tailândia / Chega – vou mudar a minha vida / Deixa o copo encher até a borda // Que eu quero um dia de sol num copo d'água". Na tomada de decisão que marca a retomada do sujeito, a letra acaba (como no romance de Mann, quando o personagem se alista num exército da Primeira Guerra Mundial), o eu-lírico termina com um verso de dissolução. Um dia de sol num copo, algo que parece simples, mas que exige um reencontro consigo mesmo, ainda atrapalhado pela lentidão de uma noite que o envolve e adormece, mesmo com os olhos abertos, olhando para o sol. Na mitologia grega, a papoula estava ligada a Hypnos (daí a hipnose), o deus do sono, irmão de Thanatos, o deus da morte, e pai de Morpheu, deus do sono. Há também uma estreita relação entre a papoula e a deusa grega Nix, a Noite, mãe dos irmãos Hypnos e Thanatos. Deusa das trevas, filha do Caos, é representada coroada de papoulas e envolta num grande manto negro e estrelado, com o qual percorre os céus em um carro para trazer a noite. Os romanos não a representavam em um carro, mas sempre adormecida.

Com este sabor de *rehab*, confessional e mergulhado neste trânsito do sujeito, o quinto álbum da banda traz ainda alguns acenos aos signos do rock progressivo de bandas como Yes, King Crimson e Genesis. São traços revelados na escolha do uso de sintetizadores, música clássica, arranjos sinfônicos e um forte misticismo nas letras das canções. A estética medieval e romântica está presente, conduzindo o tom das dez faixas, nas quais se percebem temas que vão desde o combate a dragões – bem à moda do cavaleiro – a tempestades e mistérios. Evocar a Ordem dos Templários faz parte dessa construção, que culmina com um folclore do tempo dos cavaleiros e da honra, sendo o sujeito dessas canções um experimentador da dor, do amor e disposto ao combate, ainda que extremamente melancólico. Depois de uma jornada autodestrutiva que levou ao fim dos shows já programados para este álbum, Renato resolveu internar-se em busca de reabilitação. E conseguiu. Como ele mesmo relata no diário "Só por hoje e para sempre", o único vício que persistia era o cigarro. Seus últimos anos de produção, 1993 a 1996, resultaram em seis discos, com a Legião Urbana e em incursão solo. Renato migrou de vez da temática coletiva para a particular nessas composições, mantendo-se universal, justamente por serem suas canções profundamente pessoais.

Álbum 6 – *O descobrimento do Brasil*

Ao encarar o desafio de reestruturar-se diante da vida, Renato lançou seus versos na direção do horizonte. "O descobrimento do Brasil" é o sexto disco da banda, de 1993. O lançamento deste álbum coincidiu com o início do tratamento de Renato para livrar-se da dependência química e ele se mostrava otimista quanto a isso, o que se nota em seus versos. Foi na turnê desse disco também que se realizou o último show da Legião Urbana, em 14 de janeiro de 1995, em uma casa noturna de nome Reggae Night, em Santos. Na capa do álbum, há uma foto (de Flavio Colker) do trio Dado, Bonfá e Renato que traduzia a fase do grupo quando do lançamento. Vestidos como menestréis e envoltos em flores coloridas, já anunciavam um conjunto de canções mais amenas. O que se ouviu/leu/sentiu, segundo o próprio Russo declarou, foi um trabalho de constatações sobre a perda.

Na segunda canção desse álbum há a revelação de um sujeito em busca da lucidez e que dialoga com a temática da água pura de "Há tempos", do álbum "As quatro estações": "Quantas crianças foram mortas desta vez? / Não faça com os outros / O que você não quer que seja feito com você / Você finge que não vê e isso dá câncer / Não sei mais do que sou capaz". Renato avança pelos versos e prossegue: "Esperança, teus lençóis têm cheiro de doença / E veja que da fonte sou os quilômetros adiante / Celebro todo dia / Minha vida e meus amigos / Eu acredito em mim / E continuo limpo". Continuar limpo aqui afasta o eu-lírico do que não quer enxergar; este sim, cheio de impureza, não vive o estado de liberdade que crer em si mesmo permite, pois é preciso mais que a esperança, é preciso a vivência da mudança. É também sobre Parsifal, de "Soul Parsifal", que analisaremos adiante. E o verso "lá em casa tem um poço, mas a água é muito limpa", de "Há tempos", expressa esse estado de pureza e contaminação de quem se vê impregnado de realidade a ponto de contaminar seus poros.

Há o relato de uma transformação, que traz o convívio com os amigos, a visão do mundo além do imediato, a salvação: "Do lado do cipreste branco / À esquerda da entrada do inferno / Está a fonte do esquecimento / Vou mais além, não bebo desta água / Chego ao lago da memória / Que tem água pura e fresca / E digo aos guardiões da entrada: / – Sou filho da Terra e do Céu". O sujeito agora quer lembrar, quer saber o que acontece e não mais esquecer. O torpor ficou para trás e a recompensa é a entrada no céu. Como num transe, a purificação é desejada. Há vergonha e caos, e o sujeito se vê diante da consciência de seus erros: "Dai-me de beber que tenho uma sede sem fim / Olhe nos meus olhos, sou o homem-tocha". Marcado pelo amor e pela libertação, este homem-tocha materializa o ideal da suspensão dos pecados. "Me tira essa vergonha / Me liberta dessa culpa / Me arranca esse ódio / Me livra desse medo / Olhe nos meus olhos, sou o homem-tocha / E esta é uma canção de amor". "Vergonha", "culpa", "ódio" e "medo", todos elementos de negatividade, de aprisionamento, são derrotados pelo amor. De fato uma canção de amor, um amor que não exige e sofre, mas oferece o resgate.

Na quarta faixa do álbum, vendo sua realidade em confusão total, Russo compõe uma ode à perversidade humana: "Vamos celebrar nosso governo / E nosso estado que não é nação... / Celebrar a juventude sem escolas / As crianças mortas / Celebrar nossa desunião...". Convocando a nação de forma sarcástica a celebrar o que não deveria existir, o autor traz mais uma vez o sujeito de "Geração Coca-Cola", vitimado por uma vida de consumo e vazio, reafirmando uma postura crítica. "Vamos celebrar Eros e Thanatos / Persephone e Hades / Vamos celebrar nossa tristeza / Vamos celebrar nossa vaidade... / Vamos comemorar como idiotas / A cada fevereiro e feriado / Todos os mortos nas estradas / Os mortos por falta / De hospitais..." A linguagem já revela o tom do protesto, pois é a partir dela que se percebe essa inversão – proposital – de valores na letra da canção.

A letra é um louvor às avessas: à morte, à ganância e ao individualismo. A Legião Urbana cria um discurso colérico que se vale dessa oposição dos sentidos, a começar pelo título da canção: "Perfeição". Em uma sequência de versos, temos o contrário do significado desta palavra, pois, conforme consta do "Dicionário Houaiss", perfeição é a "qualidade do que é perfeito em seu gênero, substantivo feminino que trata das qualidades da alma e do corpo; em teologia, relacionado ao divino, atributos de Deus em grau infinito". Renato usa a primeira pessoa do plural para integrar-se à massa – "vamos" – e pede que sua estupidez seja louvada, pela ousadia improdutiva de seu ato.

O deus alado do amor se une ao deus da morte. A canção celebra este casal sombrio representado por uma das mais belas deusas da mitologia, raptada pelo guardião dos mortos. Tal associação à letra como um todo traz um apelo raivoso à revolução. Quem convoca a "celebração" também está no meio dos homens que erram, em uma escolha agressiva na comparação: "como idiotas". Há protesto também na repetição do tema dos mortos como vítimas do sistema, em três momentos: referente a crianças, aos mortos nas estradas e nos hospitais. O sujeito adota uma postura firme de crítica social, que está presente no duplo sentido do texto, celebrando o que é impossível de ser celebrado.

A palavra "ironia" vem do latim *dissimulatio* e existe no terreno comum a participantes de uma mesma "comunidade discursiva", segundo Linda Hutcheon. Fazer parte desta "comunidade" exige o entendimento de que um enunciado quer dizer uma coisa, mesmo que expresse outra. Daí o entendimento da natureza deste recurso e suas possibilidades. Os vários sentidos que a ironia carrega em um enunciado formam a marca da letra de "Perfeição". Pensemos em cenários políticos corruptos e massa de manobra comandada como bonecos pela imprensa, lembrando Guy Debord, em um discurso atualizado pela ironia crua de seus versos.

Essa ironia se dirige ao tempo de composição da canção e ao nosso próprio tempo. Uma sociedade entregue ao espetáculo, em que uma ode ao oposto da percepção real e do entendimento revelam como a espetacularização atingiu níveis impensados (DEBORD, p. 2000, p. 176):

> A construção de um presente em que a própria moda, do vestuário aos cantores, se imobilizou, que quer esquecer o passado e dá a impressão de já não acreditar no futuro, foi conseguida pela circulação incessante de informação, que a cada instante retorna a uma lista bem sucinta das mesmas tolices, anunciadas com entusiasmo como novidades importantes (...) Tais tolices dizem respeito sobretudo à condenação que este mundo parece ter pronunciado contra sua existência, às etapas de sua autodestruição programada.

Niilismos e distopias à parte, a ideia de Debord de desconstrução do passado e esvaziamento do presente, fazendo com que uma grande parcela da sociedade sinta um torpor existencial, já era combatida desde a Idade Média. O riso e a sátira ao poder eram proporcionados pela figura do bufão, dos palhaços das cortes, e demais companhias teatrais populares, mambembes, que circulavam fazendo piada com a autoridade de reis, da Igreja etc. A sociedade hoje ainda segue entorpecida, mas as distrações do presente são "prédios burocráticos envidraçados, shoppings centers, academias de fitness, centros de ioga e clínicas de estética" (HAN, 2017, p. 181).

Renato quis atingir em cheio essa apatia da massa, anestesiada pela distorção de valores e pelo apagamento do passado. Nossa sociedade não tem memória. Partindo desta triste constatação, confirmada, por exemplo, pelas eleições nos últimos anos e em como se repetem figuras condenadas publicamente (como Collor e seu impeachment), o que ecoa dos versos desta canção e vai ao encontro do ouvinte/interlocutor pode parecer vazio se comparado a esse contexto, mas é só uma impressão. A ironia se alimenta da troca constante com o interlocutor e é preciso quebrar o silêncio e o entorpecimento ainda que as panelas só ecoem quando os interesses não são claros.

O discurso de Renato representou, não só nesta, mas em suas letras em geral, a mágoa de um povo quebrantado. O diálogo que se estabelece atinge em cheio seu público, e o tom agressivo do punk rock causa desdobramentos que não cessam, com suas letras ainda cantadas como hinos nas manifestações de massa e em protestos nas ruas. Um discurso que consegue, ao mesmo tempo, atingir o outro, exigir a resposta e carnavalizar preceitos é necessário, especialmente para amenizar as visões distópicas de futuro como as desenhadas por Ray Bradbury, Aldous Huxley, Charles Bukowski e George Orwell.

A carnavalização, termo de Mikhail Bakhtin, como reação de estranhamento, inversão e reinvenção, não poderia ser mais punk rock. E é nesta nascente que se enquadra a letra aqui enfocada, pois "Perfeição" funcionou e funciona, ainda hoje, como uma espécie de discurso profético sobre a sociedade como um todo e quanto aos rumos que vamos seguindo, tendo em vista o nosso contexto político. Essa sátira, que é conduzida por "braço mais sério do que cômico", é a arma discursiva de Renato e da Legião Urbana.

Esse discurso, com traços da sátira menipeia, traz uma reação frontal aos valores presentes no tempo de sua escrita, contra as correntes desse período e por isso ainda tão atual. Expõe reis com um riso menos literal, mais carregado de referências externas, exigindo mais do supradestinatário – outro presente, o outro para quem se escreveu, o outro futuro – e por isso mesmo sobrevivendo ao tempo. A ironia como um riso que se apresenta contra a condução assassina de um país, com um cômico-irônico marcado pela carnavalização, como na inversão contundente de "Perfeição".

A celebração proposta pela Legião Urbana é carnavalesca. Celebrar é carnavalesco, mas aqui Renato expõe a tragédia humana que ignora a força que um grande poder exerce sobre ela. Nesta letra está o riso nervoso da ironia que fere a poucos e que enaltece na canção o reconhecimento grotesco que é a celebração de mortes, mentiras, fome, epidemias, da perda dos direitos trabalhistas, do sucateamento da educação, encerrando sua carta de protesto com a entrega do tom de seu discurso. Nele, resgata a utopia com uma promessa (ainda que seja um fósforo na escuridão), com os versos finais da letra da canção: "Venha, meu coração está com pressa / Quando a esperança está dispersa / Só a verdade me liberta / Chega de maldade e ilusão. // Venha, o amor tem sempre a porta aberta / E vem chegando a primavera / Nosso futuro recomeça: / Venha, que o que vem é perfeição".

O tom das canções deste álbum segue mais conciliatório na sequência, como se fosse preciso baixar a intensidade após a catarse de "Perfeição". Há uma canção tida por Renato como uma obra-prima da Legião, aquela da qual ele mais gostava e tinha orgulho de ter feito, conforme declarou durante o show "Como é que se diz eu te amo", em 1994, lançado em forma de CD em 2001. É "Giz" que sela finalmente a calmaria após tantos revezes para o sujeito que declara em "Vinte e nove", primeira canção do álbum, ter perdido quase tudo, com a repetição de um verso que fala do estado de sua alma em sintonia: "És parte ainda / Do que me faz forte / E pra ser honesto / Só um pouquinho infeliz / Mas tudo bem / Tudo bem / Tudo bem". A repetição desses versos ao longo da canção forma um mantra de serenidade, nos desenhos de sol que a chuva leva, por serem feitos a giz, e que são redesenhados. Esse ato do sujeito de refazer é também reflexo de sua alma, na tentativa de reconstrução, com este redesenho. Em todo esse movimento ditado pelo prefixo "re" cabe o amor que não acaba enquanto se reinventa. As palavras feitas com "re" são o sujeito e seu amor, leve, orgânico e que volta, qual tatu-bola, coisa de criança, inocente e pura. Até feliz.

A força da paixão é singela e marca a fase do cancionista melancólico em que Renato mergulha deste disco em diante. Não há gritos de rebeldia, rancor ou punição, protestos e pregações. Há um eu resignado que se encontra diante de si mesmo e cria versos para marcar os novos rumos desses caminhos. O outro já não é o alvo, mas o interior, que é revelado, tranquilizado, de repente consciente de tudo. Sem drogas, sem fugas, sem mágoas. A última canção do álbum é emblemática: "Só por hoje".

Renato se aproxima da filosofia estoica, que tanto persegue e que está presente nas suas composições, a partir de suas leituras de Bertrand Russell, uma das fontes de seu pseudônimo e sobrenome do personagem Eric Russell, do romance não acabado que ele escreveu na adolescência. O estoicismo ensina o desenvolvimento do autocontrole e da firmeza como um meio de superar emoções desagregadoras. O sujeito que deseja ter clareza e imparcialidade de julgamento é estoico por fazer parte de uma razão universal. Um aspecto fundamental do estoicismo é o desenvolvimento da ética do indivíduo e de seu bem-estar moral, pensamento que é próximo ao de Russell, para quem a virtude é um desejo que está de acordo com a natureza. O homem deve estar livre da raiva, da inveja e do ciúme, aceitando os homens como iguais aos outros homens, porque todos os homens são igualmente produtos da natureza.

É assim que os frequentadores dos grupos de ajuda aos que abandonam vícios enfrentam as dificuldades da superação. Contar um dia de vitória, um de cada vez. O que expressa essa canção é o estado de graça que surge da conquista da sobriedade. O sujeito, de cuja voz emana serenidade, tem ciência de seus atos e procura viver sem se machucar, um dia de cada vez. "Não sei onde estou indo / Só sei que não estou perdido / Aprendi a viver um dia de cada vez." O tom dessa canção encerra o álbum com leveza, e nesta escrita confessional vê-se que enfim há certa paz (que tal trazer essa frase para o meio da letra: "Só por hoje eu não vou me machucar / Só por hoje eu não quero me esquecer / Que há algumas pouco vinte e quatro horas / Quase joguei minha vida inteira fora"). Saber que não se está perdido é melhor do que saber para onde se vai. O que os versos falam é a tomada da razão desse sujeito sobre seus dias, de forma consciente, ele que não finge felicidade, reconhece a tristeza, e se prontifica a lidar com ela sem fugas, sem os vícios que o faziam crer na melhora dos sentimentos, esquecendo que esse efeito sempre passa e o pior retoma sua forma, ainda mais forte.

No encarte há a frase de Dylan: "Ah, mas eu era muito mais velho então, sou mais novo que isso agora", da canção "My back pages", de 1964, e este álbum sela um tempo. Há escapismo, despedidas, perdas e amores rompidos. Há a serenidade musical, com baladas delicadas, e a angústia existencial, com o rock pesado, oscilando entre as faixas. As 14 canções funcionam como um ciclo, em que o cancionista tem o começo e o fim de relações na vida. O que surge é uma resignação que vem da compreensão da finitude da vida e das coisas, tudo acaba, nada fica, e cabe ao sujeito a capacidade de se reinventar diante daquilo que não pode controlar. É a aceitação. O que se nota é prova da maturidade do cancionista, visando uma nova forma de enfrentamento, que não é combativo, mas calculado. Há sofrimento, mas não desespero, gritos e rancor. Surge então um indivíduo amadurecido, cujas cicatrizes falam com o presente, sem perder-se do sonho e consciente de que a postura diante da vida é de embate contínuo.

Álbuns à parte – *The Stonewall celebration concert* e *Equilíbrio distante*

Entre os álbuns "O descobrimento do Brasil", de 1993, e "A tempestade", de 1996, Renato Russo lançou dois discos solo, um em inglês e outro em italiano. Alegando realizar com esses projetos pessoais um sonho antigo de cantar em outros idiomas, neles Renato revela também que, como intérprete, escolhe um universo temático muito próximo ao seu. Vistas como canções de amor rasgadas, por muitos até bregas, as que compõem o álbum em italiano não diferem muito das escolhidas para o álbum em inglês no que concerne ao teor de suas letras. "The Stonewall celebration concert", de 1994, em que ele doou metade da receita obtida para a Ação da Cidadania contra a Miséria e pela Vida, liderada pelo sociólogo Herbert de Souza (Betinho), faz referência direta à Rebelião de Stonewall, nome dado aos conflitos violentos entre gays, lésbicas, bissexuais e transgêneros e a polícia de Nova Iorque, iniciados em 28 de junho de 1969 e que duraram vários dias.

O nome se deve ao local de origem dos embates, o bar Stonewall Inn, ganhando também seus arredores, e esse evento foi responsável por deflagrar a organização dos movimentos em defesa dos direitos civis LGBTQIA+. O repertório é variadíssimo: são 21 canções que trazem de Madonna a Bob Dylan. Este álbum mostra uma faceta de Renato até então oculta. O cancionista escolhe músicas que falam diretamente com os outros a respeito de temas como amor e esperança, como uma compilação de repertórios que sempre influenciaram as suas composições. As 29 entidades sociais que estão listadas no encarte defendem os direitos dos homossexuais e também outras causas importantes para Manfredini Jr., como o Greenpeace, revelando um sujeito consciente da luta pelo outro, pelos animais e pelo planeta. É a exposição delicadamente selecionada do que ia na alma de Renato.

O outro projeto solo, "Equilíbrio distante", é o álbum gravado em italiano, de 1995, em que Russo expressa a carga de intérprete no limite. O que se vê mais uma vez não é o cancionista em ação, mas a eleição de canções que para ele tinham um significado peculiar. Mais um trabalho revelador do projeto pessoal, e que mostra uma brecha na fronteira entre Manfredini Jr. e Russo. O disco conseguiu emplacar três grandes hits: "Strani amori", que rendeu até um videoclipe onde Renato aparece pela última vez e foi incluído no seu terceiro álbum sozinho, o póstumo "O último solo"; "La forza della vita", que fez parte da trilha sonora da novela global "O rei do gado", e "La solitudine", já consagrada na voz de Laura Pausini e composta por Federico Cavalli e Pietro Cremonesi. A capa do disco é formada por desenhos de Giuliano Manfredini que representam o Pão de Açúcar, o Estádio do Maracanã, o Coliseu e a Torre de Pisa (grafada como Torre de Pizza).

Álbum 7 – *A tempestade ou O livro dos dias*

Após essa aventura e mergulho em repertórios não autorais, em que Renato se mostra como intérprete e revela muito de suas influências, ele volta-se novamente para o que seria o último álbum da Legião Urbana. Esse disco já nasceu entristecido, pois que a doença debilitava Renato, e o processo de gravação foi marcado pelo sofrimento não só dele como de todos os envolvidos. O cancionista estava sob tratamento contra o vírus da Aids e já não apresentava a mesma voz, nem sequer shows foram feitos para o álbum intitulado "A tempestade", último lançado com ele ainda vivo, verdadeiramente uma catarse.

Com "A tempestade" (1996), as especulações em torno da saúde do líder da Legião chegaram ao auge. Canções como "A via láctea" e "Esperando por mim" revelam, numa autorreferência poética, já presente no título do disco, o sofrimento que lhe varava a alma: "Quando tudo está perdido / Sempre existe um caminho / Quando tudo está perdido / Sempre existe uma luz / Mas não me diga isso / Hoje a tristeza não é passageira / Hoje fiquei com febre a tarde inteira". Em 11 de outubro de 1996 morreu Renato Manfredini Jr., acarretando o encerramento das atividades da Legião Urbana 11 dias depois. No dia seguinte à morte, Dapieve escreveu uma reportagem especial para "O Globo" enfatizando que ele fora o cérebro mais potente do BRock. Este álbum é triste e sombrio em sua origem, confirmada pelo tom das canções, em que a tristeza de fato não é passageira, e há na voz do cantor um tanto, ainda que poderoso, do que já fora. Era o agravamento do quadro clínico que impedia força vocal, algo que também foi refletido nas composições, todas voltadas para o adeus, a morte, o fim. Aqui a maioria das canções conta com voz guia e não foram mais trabalhadas, com exceção de "A Via Láctea", que Renato pretendia que fosse a música de trabalho da Legião para o álbum.

A primeira canção, "Natália", já apresenta uma carga enorme de pessimismo e agressividade. Os versos iniciais são uma advertência:

"Vamos falar de pesticidas / E de tragédias radioativas / De doenças incuráveis / Vamos falar de sua vida". "Pesticidas" remete ao combate às pragas, à preservação da lavoura, por um método que traz riscos para a saúde daqueles que lidam com o veneno, e mais, dos que consomem os produtos sujeitos à ação dele. Ao trazer este primeiro verso, o cancionista revela o tom da letra de canção: "Preste atenção ao que eles dizem / Ter esperança é hipocrisia / A felicidade é uma mentira / E a mentira é a salvação / Beba desse sangue imundo / E você conseguirá dinheiro". Tal como em "Perfeição", de "O descobrimento do Brasil", o sujeito convoca o outro, com uma fala nada otimista, a analisar diversos fatos da vida, sem romantizá-los. Pelo contrário, a cada palavra positiva corresponde uma negativa que o invalida: esperança = hipocrisia e felicidade = mentira.

Se ter esperança é hipocrisia, está liberado o pacto que traz dinheiro e status em lugar de conteúdo. Para um sujeito que não aceitava essas trocas, um eu-lírico foi criado para contradizer tudo o que fora dito nas composições de protesto. "Mas quem sabe um dia eu escrevo uma canção para você" é o verso que se repete ao longo da letra desta faixa. Neste caso, o antagonismo com a canção, que não seria considerada como tal, mas como aviso sobre um tempo em que há uma forte necessidade de acreditar em algo: "É preciso acreditar num novo dia / Na nossa grande geração perdida / Nos meninos e meninas / Nos trevos de quatro folhas / A escuridão ainda é pior que essa luz cinza". "É preciso" impõe ao sujeito a pureza e a força do "acreditar" diante de uma geração que se foi, dos meninos e meninas já citados em outra canção, da nebulosidade do cinza, da escuridão, em contraste com o trevo de quatro folhas, com a sorte. A obra termina com a ciência de estar ainda vivo e que isso pode ser um alívio diante de tudo o que se sabe. Resiliência talvez, mas cansaço sim, presente, pulsante e inegável.

O tom de revolta de "Natália" é amenizado pelo que vem em "A Via Láctea". Eis que surge a esperança. O sujeito desta canção reage de maneira tímida, quase sacra, quando evoca a luz: "Quando tudo está perdido / Sempre existe um caminho / Quando tudo está perdido / Sempre existe uma luz". Mera impressão. Logo no próximo verso, cujo primeiro vocábulo é a conjunção adversativa, cai a energia de positividade que fora criada: "Mas não me diga isso / Hoje a tristeza não é passageira / Hoje fiquei com febre a tarde inteira / E quando chegar a noite / Cada estrela parecerá uma lágrima", aqui o eu-lírico entristecido é quase incapaz de crer. A cada verso afundamos com ele em uma torrente de dor e confirmação da fraqueza. O sujeito ainda agradece a atenção, mas não se ergue. "É só hoje e isso passa... / Só me deixe aqui quieto / Isso passa... /Amanhã é um outro dia não é / Eu nem sei porque me sinto assim / Vem de repente, um anjo triste perto de mim / E essa febre que não passa / E meu sorriso sem graça / Não me dê atenção / Mas obrigado por pensar em mim". Cada verso parece responder a frases repetidas que o sujeito escuta dos outros, lugares-comuns que ocupam os espaços da fala quando não se sabe bem o que dizer: "amanhã será outro dia", "isso passa", são ecos de vozes alheias ("não é?").

A ausência de força não é mera pena de si mesmo, tampouco um pedido de compaixão, o estado desse sujeito é tão enfraquecido pela febre que ele nem pede pena. E aí o efeito acontece, na dificuldade de acompanhar cada verso sem partilhar com o outro sua enfermidade, nas palavras repetidas a cada visita, sem melhora, sem resultados positivos. Apenas um sujeito que definha e espera. A dor está na consciência do fim e na tentativa frustrada de resistir com ânimo a cada novo dia, embora seja necessário. É o monólogo da despedida.

Álbum 8 – *Uma outra estação*

O próximo disco da banda, "Uma outra estação", é o oitavo e último álbum de estúdio, lançado em julho de 1997, nove meses após a morte de Russo. Gravado entre janeiro e junho de 1996, no carioca AR Estúdios, ele trouxe as canções que deveriam fazer parte do trabalho anterior, "A tempestade ou O livro dos dias", originalmente planejado para ser um disco duplo, mas, assim como "Dois", vetado pela gravadora. Os arranjos das músicas deste disco ainda se encontravam incompletos, sendo concluídos em gravações adicionais no mesmo estúdio (AR), no início de 1997, conforme conta Chris Fuscaldo em seu livro "Discobiografia legionária".

Em "Clarisse", o sujeito volta-se para o que conhecia e em como não era compreendido pelos demais: "Nada existe pra mim, não tente / Você não sabe e não entende / E quando os antidepressivos e os calmantes não fazem mais efeito / Clarisse sabe que a loucura está presente / E sente a essência estranha do que é a morte". Essa canção tem forte semelhança com um dos períodos mais conturbados da vida do cancionista e performer, no qual ele praticamente vivia sob efeitos da bebida Cointreau e do medicamento Lexotan, na turnê de "V", em 1992 (DAPIEVE, 2000, p. 135). No entanto, os personagens dessa composição apontam em duas direções: o menino internado que cria para si uma existência paralela e a garota de 14 anos que não pode fugir de sua sina, transferindo para os cortes que faz com estilete em sua própria carne a dor implacável que sente: "Aquele menino foi internado numa clínica / Dizem que por falta de atenção dos amigos, das lembranças / Dos sonhos que se configuram tristes e inertes // Como uma ampulheta imóvel, não se mexe, não se move, não trabalha". E temos o lado da canção que nos mostra Clarisse: "E Clarisse está trancada no banheiro / E faz marcas no seu corpo com seu pequeno canivete / Deitada no canto, seus tornozelos sangram / E a dor é menor do que parece".

Ambos, o menino sem nome e Clarisse, fazem de seus corpos paralisados e feridos uma morada única. Não há no exterior desse lugar solitário um espaço para suas existências. Na criação desse lugar-outro, uma realidade à parte toma forma para abrigar sujeitos sem morada no mundo exterior, em que a sociedade desfruta de uma cegueira confortável, sem vê-los e precisar entendê-los. O narrador apresenta a canção usando a primeira pessoa do singular: "Estou cansado de ser vilipendiado, incompreendido e descartado / Quem diz que me entende nunca quis saber". No entanto, a partir daí, abre o foco da narrativa para histórias que não são a sua, mas que ilustram sua visão das mazelas particulares que a sociedade ignora. Os últimos versos dessa composição voltam para a primeira pessoa, o que confunde o narrador com Clarisse: "Eu sou um pássaro / Me trancam na gaiola / E esperam que eu cante como antes".

Esse pássaro aprisionado serve de parâmetro para todas as mulheres e crianças que sofrem violência, independente da natureza dessa ação: "A violência e a injustiça que existe / Contra todas as meninas e mulheres / Um mundo onde a verdade é o avesso / E a alegria já não tem mais endereço // Clarisse está trancada em seu quarto / Com seus discos e seus livros, seu cansaço". O isolamento das vítimas ocorre na inversão dos valores num mundo em que a mentira e a tristeza imperam, no entanto, ainda há crença: "Mas um dia eu consigo existir / E vou voar pelo caminho mais bonito // Clarisse só tem 14 anos". A fragilidade da adolescência também traz a personagem para este espaço de solidão. A própria formação de identidade e reconhecimento social é um processo solitário, junto com a experiência de relacionamento com o outro, que pode ser bem-sucedida ou trazer consequências como o isolamento, muitas vezes acompanhado das drogas e pela automutilação, culminando no suicídio.

Esse lado sombrio do desajuste do sujeito em seu contexto social, familiar e de convívio com o outro fala diretamente ao punk rock e ao significado de estar à margem do sistema vigente. O punk e toda a sua indumentária, comportamento, piercings e moicanos marcam esse não-lugar, essa busca pela diferença explícita e que choca padrões estéticos de massa. Clarisse, a menina que se corta, é o símbolo da dor deste não pertencimento, símbolo da margem que encontra o sujeito homossexual e portador do HIV, por isso tida por muitos como uma projeção também de Renato, justificando sua negativa em expor essa canção ao público em vida. Uma canção dolorosa e poderosa.

Além desse grito de dor em "Clarisse", três composições dele em sua fase de Trovador Solitário foram lançadas nesse disco: "Dado viciado" (que retrata os problemas de um primo de Renato com as drogas e não foi anteriormente lançada para evitar confusões do personagem da letra com o guitarrista Dado Villa-Lobos); "Marcianos invadem a Terra" (que foi incluída em uma gravação original de 1986, para o álbum "Dois", e mais tarde foi regravada por Dinho Ouro Preto, líder do grupo Capital Inicial); e "Mariane", esta, uma das suas composições mais antigas, teria sido escrita para uma antiga namorada. Toda em inglês, traz como tema a confissão do sujeito sobre sua confusão interior e o destinatário desse discurso, que não está presente: "Quando você vai voltar?".

Com este álbum, a Legião Urbana encerrou seus trabalhos como banda oficialmente. Não havia mais registros conhecidos até então de Renato para lançarem outros discos, e deu-se por encerrado o trio. A sensação que este último álbum deixa é aquela antiga, da desconexão temática dos álbuns de outrora, talvez por terem sido usadas todas as canções que estavam gravadas, inclusive as que foram retiradas de "A tempestade". São 15 faixas que trazem um conjunto amorfo, composto por vários temáticas: amorosa, gótica, dilacerante, triste, fúnebre (principalmente em "Tempestade" e "Clarisse") e também leve, como no blues "Comédia romântica" e na festiva "Travessia do Eixão", com vários vocais, espécie de congraçamento final.

Aproveitando os versos do poeta brasiliense Nicolas Behr que foram musicados pela banda Liga-Tripa, usaram essa canção para encerrar o álbum. Os versos contam a saga da travessia do Eixão, pista de seis faixas que corta o Plano Piloto de Brasília desde a Asa Sul até a Asa Norte, sem semáforos ou paradas: "Nossa Senhora do Cerrado / Protetora dos pedestres / Que atravessam o Eixão / Às seis horas da tarde / Fazei com que eu chegue são e salvo / Na casa da Noélia / Nonô, Nonô, Nonô, Nononô...". Noélia é poetisa e mora em Brasília, e sua casa servia de ponto de encontro para os poetas e boêmios que faziam a cultura da capital ter vida. A graça está na oração, está na volta a Brasília, ironicamente resgatada na última faixa, do último disco. Uma última tentativa de reaproximação.

Todos os álbuns e as letras que compõem a produção de Renato trazem uma imagem tão cristalina que ultrapassa a de um esboço da condição humana. O que se tem no fim dessa análise é uma produção voltada para a fragmentação dos sentidos, incluindo aspectos que vão do mais caótico ao mais organizado dos entendimentos sobre a existência. Renato Russo mantém em seu discurso o compromisso de soar verdadeiro, falando aos seus legionários sempre como se esses estivessem sentados diante dele ou para protestar ou para derramar lágrimas perante a confidência de um caso de amor perdido. No tempo transcorrido entre um álbum e outro, o que se percebe é a evolução espiritual dos sujeitos que conduzem as diversas narrativas. São construções a partir das crenças de Renato, o qual moldou na performance um "messias" para sua legião.

Qualquer relato a respeito da relação dos fãs com a obra da Legião Urbana merece ser analisado pela adoração que acaba por ser atrelada ao trio, como bem captado na dissertação de mestrado de André Luis Campanha Demarchi. Usando a nomenclatura deste pesquisador, os "legionários do rock" iam aos shows sentindo-se representados nas canções da Legião Urbana. Esse acompanhamento ao longo dos anos é responsável pela longevidade do discurso, que permanece mesmo descolado da performance ao vivo, o que mostra sua vitalidade.

Essa permanência pode ser por conta da qualidade das canções, que mostra em nove álbuns as oscilações de um ser único, para muitos autobiográfico, que ia ao encontro dos demais indivíduos diluídos da geração pós-ditadura no Brasil. O papel da composição total de Renato foi o de fazer um discurso coerente e doloroso para orientar seus seguidores, mostrando que a vida não é mesmo nada condescendente e que cabe ao indivíduo erguer suas próprias defesas, sem perder a fé.

O termo (imbuído de seu teor) "fé" de fato dialoga com os preceitos bíblicos, por ser Renato Manfredini Jr. filho de uma casa católica e declaradamente cristão. Havia nele a crença na religião, o que não o livrou de, em diversos momentos, apontar seus questionamentos aos céus diante das mazelas que testemunhava (e vivia, devido aos vícios e à Aids). Essa luta encontra redenção em seus dois últimos álbuns, em letras nas quais se vê a necessidade de acreditar, sobreviver, encontrar uma luz na contagem final dos dias.

Assim, com esse enredo que vem como rio subterrâneo em sua composição, sem querer, ou quase assim, o cancionista incorporou uma performance messiânica (com direito a interrupções para longos discursos sobre vida e morte, comportamento, política e fé), pregando em seus shows, expondo o caráter libertador, lírico e espiritualista de suas letras – propagação de seu desejo próprio de libertação – e, para além da performance, sua poesia funciona, isolada. Não que o seu poder como performer seja negado, mas também sem ele as letras têm valor singular. O público continua assimilando e cantando suas canções como se ainda ele estivesse ali, a força das palavras que moldou ao longo dos anos para criar alguém maior do que si mesmo ressurge a cada nova reprodução.

Quarta Parte

As quatro estações de Renato, o Russo

Nas estações de uma vida

Já vimos que a Legião Urbana se consolidou no mercado ao longo das décadas de 1980 e 1990, com canções assinadas e interpretadas por Renato Russo, às vezes com coautoria de Renato Rocha, Bonfá e Dado. Eles mesclam com lirismo a escrita supostamente autobiográfica de um sujeito capaz de responder pelo momento histórico em que vive, como veremos a seguir. Recapitulando, a banda lançou, no período de 1984 a 1997, nove álbuns: "Legião Urbana" (1984), "Dois" (1986), "Que país é este 1978-1987" (1987), "As quatro estações" (1989), "V" (1991), "Música p/ acampamentos" (1992), "O descobrimento do Brasil" (1993), "A tempestade ou O livro dos dias" (1996) e "Uma outra estação" (lançado depois da morte de Renato Russo, em 1997).

Os álbuns da Legião Urbana dividem-se em um antes e depois demarcado pelo uso massivo das letras que Renato já havia composto antes do sucesso e as que foram feitas principalmente após "Que país é este 1978-1987", mas sempre houve o aproveitamento de suas letras de autoria exclusiva, como "Dezesseis", por exemplo, no disco "A tempestade". No primeiro LP, há o trabalho em conjunto. A partir da situação do grupo na gravadora e a pressão para o álbum de estreia, Renato assina sozinho apenas duas canções nele. No entanto, após o estrondoso sucesso e a demanda por um novo trabalho, devido ao contrato que haviam selado com a EMI-Odeon, é possível ver que, para os três primeiros álbuns da banda, as canções já existiam desde o período em que Renato fazia parte do Aborto Elétrico e depois em sua fase de Trovador Solitário. Esse é o motivo de, no segundo LP, sete das 11 canções serem de autoria exclusiva de Renato, e, no terceiro, seis das 13 canções também. A partir do quarto disco, lançado em 1989, as letras já seguem sendo compostas em conjunto, em sua maioria, em função da coincidência com o período em que trazem a público a difícil relação de Renato com as drogas e o álcool.

Esses detalhes e as condições impostas aos que fizeram/viveram a década de 1980 podem ser sentidos nas obras de Renato. Ele, representante dessa geração, viveu e contou em suas letras essa vivência, fez da realidade poesia, e isso permite o deslocamento da letra da canção para o discurso acadêmico, para uma percepção melhor dos fatos narrados que representam um sujeito e seu tempo. Sua arma foi a palavra, e o gênero que escolheu, o rock brasileiro, tornou-se pop. O que veio desta evolução foi batizado de pop rock, pura arte pop, na qual o entretenimento e o consumo surgiram como principais objetivos, contidos no lucro e na rapidez de um mercado altamente rotativo. A arte como manifesto pessoal, retrato de um tempo, seu maior papel (lembrando a fala da cantora Nina Simone, declaração devastadora gravada e mostrada no documentário do Netflix "What happened, Miss Simone?", de 2015, sobre sua trajetória). A arte como tentativa de amar, de falar sobre o amor, numa visão que abraça a escrita de ambos, Renato Russo e Zygmunt Bauman. A arte como tentativa de entender-se e inserir-se neste mundo, partindo dos dilemas contemporâneos tão bem percebidos pelos pensadores Christopher Lasch e Byung-Chul Han.

Lembramos aqui que, neste capítulo, aprofundamos nosso mergulho no espírito russeano após um grande panorama sobre a produção conjunta da Legião Urbana. O percurso agora traz 29 canções de autoria exclusiva de Renato: "Geração Coca-Cola", "Por enquanto", "1977", "Eduardo e Mônica", "Tempo perdido", "Metrópole", "Música urbana 2", "Fábrica", "Índios", "Que país é este", "Tédio (com um T bem grande para você)", "Depois do começo", "Química", "Eu sei", "Faroeste caboclo", "Feedback song for a dying friend", "Monte Castelo", "A canção do senhor da guerra", "Vinte e nove", "Vamos fazer um filme", "1º de julho", "Dado viciado", "Marcianos invadem a terra", "Mariane" e "Boomerang blues". Outras quatro canções compõem o recorte em que vamos nos aprofundar agora e são as letras inéditas de Renato que foram posteriormente musicadas. Elas se dividem em dois grupos: duas delas, "Mariane 2" e "Apóstolo de São João", foram lançadas pelo grupo Urban Legion, e as outras duas, "Vício moderno" e "Medieval", estavam com Kadu Lambach, que assinava como Eduardo Paraná, um dos primeiros integrantes da Legião Urbana.

As 29 canções funcionam como o álbum da construção de um sujeito que amadurece diante da vida e também por meio da mensagem que usa para transmitir o seu projeto estético. A arte surge como construção desse ser líquido e fragmentado que é no momento e que busca, ao longo da vida e do seu transcorrer, um entendimento maior de si, do outro e da jornada como um todo. Aqui está o intento do cancionista, Renato Manfredini Jr., e a mensagem que quer transmitir, e da sua persona, Russo, que dialoga com o seu tempo e com as inquietudes do sujeito moderno (pós-moderno, hipermoderno, atual). Começa aqui a jornada de uma vida nas quatro estações que a compõem: nascimento, juventude, vida adulta e morte.

O número 29 não é por acaso. Além da canção que entra na lista de mesmo nome, há o teor místico do retorno de Saturno e também o diário de internação de Russo, em que fica evidente a relação de Renato com tudo o que envolver a jornada de caos e reconstrução de um artista, no caso seu quase heterônimo, Renato Russo. Para a numerologia, o número 29 é dual pelas energias diferentes que o número 2 e o número 9 carregam. O número 2 representa Eva, na tradição religiosa cristã (o segundo ser humano), e significa também uma marca de oposição para os estudiosos pitagóricos: ligado ao conceito de reflexo, dia e noite, positivo e negativo, vida e morte, homem e mulher. O número 9, na Bíblia, por exemplo, representa a realiança de Deus e os homens após o dilúvio (Gênesis 9:9); a gestação humana percorre 9 meses; no hinduísmo, 9 é o número de Brahma, o deus criador. E 29 é o número do retorno de Saturno, que leva essa quantidade de meses para dar uma volta completa no sol, marcando, na vida humana na Terra, três grandes ciclos que se encerram aos 30, 60 e 90 anos. O retorno é o reencontro com o ponto inicial, lugar em que tudo começou.

Renato Russo afirma-se místico, acreditando no poder dos astros, signos e tarô para lidar com as dimensões do invisível e as premissas para um futuro incerto. Sua irmã, Carmem Lúcia, declarou algumas vezes que o irmão gostava de "catalogar" pessoas de acordo com seus signos e que usava diversos símbolos em seus cadernos, anotações e livros (conforme comprovamos com a publicação de seus cadernos pela Companhia das Letras).

A primeira letra de Russo foi "Geração Coca-Cola" e os primeiros versos dela utilizam a primeira pessoa do plural e já ditam o tom do discurso, com um sujeito que se inclui no grupo refém de imposições vazias, ironizando o "sistema": "Quando nascemos fomos programados" serviu para aproximar ainda mais o autor da geração com que ele fala, ambos em busca de uma identidade própria – mais uma vez com o apelo da/para a juventude.

O contraponto "vocês" serve de máscara para incluir o outro que impõe o que não é aceito: "A receber o que vocês / Nos empurraram com os enlatados / Dos U.S.A., de nove às seis / Desde pequenos nós comemos lixo / Comercial e industrial". A rebeldia dos jovens e o espírito de contestação são também afirmativos deste sujeito: "Mas agora chegou nossa vez / Vamos cuspir de volta o lixo em cima de vocês / Somos os filhos da revolução / Somos burgueses sem religião / Somos o futuro da nação / Geração Coca-Cola". A lei surge como símbolo de doutrinação e rigidez a ser quebrado, os enlatados americanos, juntamente com seu cinema e seu refrigerante, reforçam essa cultura do entretenimento e espetáculo, que ofusca a visão e não permite ver com clareza a realidade, confirmando uma postura passiva e permissiva. Por ser a primeira composição de Renato, ela revela muito do que ele já entendia como espírito de sua juventude, negando o modelo de espectador e consumidor de produtos estadunidenses, um "burguês sem religião", notadamente Manfredini Jr. ironizando sua própria condição privilegiada.

Ainda assim, essa geração é contraditória, pois bebe o refrigerante estadunidense e ao mesmo tempo nega a dominação cultural e intelectual que o lixo imposto pelo outro representa, cabendo neste rótulo toda e qualquer forma de dominação. Rebeldia fundamentalmente punk, "sem religião", essa composição de Renato segue fiel aos princípios não só da primeira banda, Aborto Elétrico, como aos do momento em que foi escrita. A geração que é exposta aqui segue as regras de um *status quo* ao qual de fato não segue, sendo crianças que ainda vão derrubar os reis. Em um jogo de afirmações, o que existe em "Geração Coca-Cola" é um grito tímido diante do que ainda seria erguido como protesto pelas mãos do cancionista.

Os "burgueses sem religião" estão entre nós, nesta sociedade que caminha rapidamente para o individualismo, as representações fantasiosas da realidade e o controle emocional artificializado pelos milagres farmacêuticos. Estamos falando do hoje, do nosso tempo, dessa falta de olhar para o outro. O oposto desta burguesia é quem vê o estudo como ferramenta para tentar ascender socialmente, tem a "meta universitária" como caminho, na esperança de um futuro melhor. Medina (1973, p. 113) lembra a letra de Martinho da Vila como emblema deste cenário em que o diploma, o "canudo de papel", se contrasta com a realidade do cotidiano do não burguês que sonha aburguesar-se. Compra-se a ideia de que a carreira universitária pode mudar o futuro, em um país cuja promessa de desenvolvimento apresenta-se de maneiras diferentes para seus habitantes:

> O PEQUENO BURGUÊS
> Felicidade, passei no vestibular
> mas a faculdade é particular
> particular, ela é particular

livros tão caros, tanta taxa para pagar
o meu dinheiro, muito raro, alguém teve de emprestar
o meu dinheiro, alguém teve que me emprestar.
Morei no subúrbio, andei de trem atrasado
Do trabalho ia para a aula, sem jantar e bem cansado
Mas lá em casa, à meia-noite, tinha sempre que esperar
um punhado de problemas e criança para criar.
Pra criar, só criança para criar.
Mas felizmente eu consegui me formar
Mas da minha formatura não cheguei a participar.
Faltou dinheiro para a beca e também para o meu anel
Nem o diretor careca entregou o meu papel.
O meu papel, meu canudo de papel.
E depois de tantos anos, só decepções, desenganos
Dizem que sou um burguês muito privilegiado.
Mas burgueses são vocês
Eu não passo de um pobre coitado
E quem quiser ser como eu
Vai ter de penar um bom bocado.

A crítica de alguns dos roqueiros do Distrito Federal era de que a Legião Urbana fazia letras que não davam conta da realidade, tampouco eram "punks de raiz", e isso fica evidente no contraste entre esta letra de Martinho e a de Renato. O primeiro é o que sabe não ser burguês, e o segundo é o burguês sem religião. Assumir este papel e reconhecer os respectivos lugares de fala tornam legítima a construção de cada um, pois eles assumem o que querem dizer, para quem e a partir de que lugar, sem pedir desculpas ou licença por/para isso.

A crítica social de Renato é mais burguesa do que a de Martinho, e ambos fizeram seu papel ao pensar a educação como um elemento social e ancestral, significando de fato muito menos do que os pais querem que os filhos acreditem que seja. Essa percepção de que o indivíduo precisa de muito mais que o canudo de papel para ser alguém neste mundo é a chave de muitas aflições e conflitos do sujeito contemporâneo. É justamente a queda destes padrões e certezas centenários que causaram o momento atual, pós-industrial e caótico que une as pessoas, seus mundos e, principalmente, a relação entre o que se vive e o que se posta nas redes sociais.

É o desajuste levado ao extremo. É o estar não estando, o (im) possível. O indivíduo vê-se fora do contexto uniformizante da sociedade, do seu próprio recorte neste contexto, das amarras sociais que moldam e ditam comportamentos, regras e condutas. Essas incertezas todas mudam todas as relações, e aqui começamos a respingar as ideias de pensadores como Lasch e Han nas análises, pois que ambos estão sempre sussurrando em meus ouvidos quando leio e escuto a Legião Urbana.

Importante entender que esses dois teóricos dialogam com o sujeito contemporâneo que Renato captou e registrou em suas letras justamente em dois pontos cruciais: para Lasch (p. 165) a ideia do sujeito narcisista, que se volta para si próprio como estratégia de sobrevivência e como ególatra circunstancial:

> O conceito do ideal do ego ajuda-nos assim a lembrar que o homem pertence ao mundo natural, mas possui a capacidade de transcendê-lo e, ademais, que a capacidade de auto-reflexão crítica, de adesão aos mais exigentes padrões de conduta e de heroísmo moral está, ela própria, enraizada no lado biológico da natureza humana: no medo da morte, no sentimento de desamparo e inferioridade e na ânsia de reestabelecer um senso de unidade primal com a ordem natural das coisas.

E o segundo ponto, depois desta revelação, recai também sobre esse movimento moderno do homem que se livra do coletivo em busca da sobrevivência ao voltar-se para si. Este desligamento do outro gera o conflito em quem está no sistema, encaixado nas regras e na manutenção do coletivo. É da tensão entre o "sim" e o "não" que surge a depressão dos que não conseguem mais se adequar.

Neste vão está o sujeito contemporâneo. Entre o ego e a síndrome de Burnout. Nesta dificuldade entre enxergar a diferença em tempos cada vez mais líquidos e nos quais as pessoas não interagem. Russo tenta dar conta desse sentimento na canção "Por enquanto", que foi regravada algumas vezes. "Mudaram as estações e nada mudou / Mas eu sei que alguma coisa aconteceu / Está tudo assim tão diferente". No instante de um "enquanto", o sujeito está conformado pelo desencontro. Ele tem a consciência de uma mudança que toma forma mesmo diante da imutabilidade das estações: "Se lembra quando a gente chegou um dia a acreditar / Que tudo era pra sempre / Sem saber / Que o pra sempre / Sempre acaba?". *Memento mori* inserido na canção, o luto pela certeza do fim, antes mesmo do começo: lembre-se de que tudo deve morrer, que tudo acaba.

O eu nesta composição e o outro passaram por uma transformação conjunta. Em contraste com o exterior, imutável e lento, no interior aconteceu uma mudança que não foi bem entendida, mas que está refletida no outro, também afetado pela ação aparentemente inofensiva da passagem das estações, o imutável, pois elas sempre continuarão a passar. A perda da inocência é revelada: nada dura para sempre, tudo tem fim. E um mal-estar recai sobre os sujeitos que vivem essa transição: "Mesmo com tantos motivos pra deixar tudo como está / E nem desistir, nem tentar / Agora tanto faz / Estamos indo de volta / Pra casa". Resignados, vivem o meio-termo entre o nada e a tentativa. Sem forças, entregam-se à segurança e retornam ao eixo: a casa. Este local de sossego e retorno é o futuro da juventude da geração Coca-Cola, que também entrega as decisões para outro tempo, esperando que tudo se ajeite.

Mais representativo disso do que o famoso casal "Eduardo e Mônica" é impossível. Desta vez Renato apresenta uma letra de canção que consta na história do BRock como uma das mais executadas nas rádios. A história de amor aqui narrada sempre surgiu como um relato típico das relações amorosas que superam as dificuldades do cotidiano. Sem idealizações, o que se vê são personagens próximas ao sujeito comum, situadas em um especial espaço urbano: a cidade de Brasília. Os primeiros versos apresentam um senso comum, que não pode ser posto à prova, e que volta como refrão para afirmar este entendimento: "Quem um dia irá dizer / Que existe razão / Nas coisas feitas pelo coração / E quem irá dizer / Que não existe razão?". Com a pergunta, o cancionista lança a proposta desta letra que logo traz versos que mostram o caráter das personagens: enquanto Eduardo acorda, Mônica toma um conhaque no outro canto da cidade. No fim da estrofe, surge um elemento que traz veracidade: "como eles disseram". Assim, o narrador mostra que essa história de fato existiu e se assume como onisciente diante dos acontecimentos. As vozes são variadas, vão desde o testemunho de Eduardo e Mônica à menção de falas dos amigos do casal: todos criam um cenário que confirma a voz do narrador. Discursos direto e indireto se entrelaçam, e nas estrofes seguintes os personagens se encontram em uma festa, da qual Eduardo sai alcoolizado e Mônica demonstra interesse pelo "boyzinho que tentava impressionar". O uso dos diminutivos, como "festinha", "carinha" e "boyzinho", aproxima a letra da oralidade, da informalidade do universo jovem da cidade e dos encontros e desencontros de um romance que se desenrola nela, ao acaso: "Eduardo e Mônica um dia se encontraram sem querer / E conversaram muito mesmo pra tentar se conhecer".

Em seguida, começam as oposições que definem a personalidade de cada um, desenhando diferenças que de início parecem afastá-los, mas que terminam por aproximá-los. Eduardo e Mônica são personagens de um amor urbano: ela é a intelectual que tem acesso à cultura, e ele está iniciando uma jornada na construção de sua própria identidade e reconhecimento de si no mundo. Muito é revelado sobre Mônica na canção e muito pouco sobre Eduardo. Os universos deles também conduzem à construção desses sujeitos: Mônica – magia, meditação, Bandeira, Van Gogh, moto, Godard, leão, tinta, Medicina, alemão, Mutantes, Caetano, Rimbaud; e Eduardo – novela, futebol de botão, escola, cinema, clube, televisão, lanchonete, bicicleta (camelo), aulinhas de inglês, 16 anos, cursinho. Ao apresentar essas diferenças, o narrador mostra que Mônica possui um gosto refinado, erudito, com referências a poetas nacionais e internacionais, ao pintor impressionista Vincent Van Gogh, voltando para os Mutantes, banda brasileira ícone de um tempo de transgressão musical, inovadores e descendentes do rock psicodélico. Caetano vem somar ao gosto musical de Mônica, lembrando o movimento da Tropicália e o legado de sua carreira como cantor e compositor brasileiro. A última referência é ao francês Jean-Nicolas Arthur Rimbaud, poeta que, para Paulo Leminski, "se nascesse hoje seria um poeta do rock", o que encerra um cenário de gostos transgressores para a estudante de Medicina, que ainda andava de moto e "tinha tinta no cabelo", não sendo, portanto, em nada, convencional.

Essas são todas escolhas emblemáticas, tendo em vista que essas referências são também citadas por Renato Russo como seus gostos pessoais. Mônica projeta-se então como um alter-ego do cancionista, compondo o antagonismo com o ente amado, ao qual ela ensina muito sobre tudo: "Eduardo e Mônica fizeram natação, fotografia / Teatro, artesanato, e foram viajar / A Mônica explicava pro Eduardo / Coisas sobre o céu, a terra, a água e o ar". Ao encerrar a fase juvenil e ingressar no universo adulto, Eduardo encontra em Mônica suporte para compor um novo sujeito. "Ele aprendeu a beber, deixou o cabelo crescer / E decidiu trabalhar (não!) / E ela se formou no mesmo mês / Que ele passou no vestibular". A interjeição "não!" mostra esta ruptura final do jovem com o início da narrativa, quando ele era um "boyzinho", e seu momento atual, ligado ao trabalho e à perda das facilidades que faziam parte de sua vida.

Daí para a frente a narrativa ganha outro segmento e vemos o desenrolar da relação dos dois até a vinda dos filhos: "Eduardo e Mônica voltaram pra Brasília / E a nossa amizade dá saudade no verão / Só que nessas férias, não vão viajar / Porque o filhinho do Eduardo tá de recuperação". Desfecho cômico que remete ao pai, Eduardo, no início da narrativa e reforçado no trecho, pois o filhinho (diminutivo) do Eduardo (e não deles, nem da Mônica) está de recuperação. E Brasília marca presença na composição, origem de Renato, da amizade entre os personagens e o cancionista, mas não do casal da vida real. De fato Renato Russo declarou que a inspiração para essa letra veio de um casal de amigos cariocas.

Interessante observar que na primeira versão desta letra de caráter narrativo alguns versos eram diferentes. Renato ainda no início da carreira e vocalista do Aborto Elétrico entoava pelos shows realizados nas entrequadras da capital uma outra versão, consolidada depois, na época do Trovador Solitário:

> Alugaram apartamento uns dois anos atrás / Mais ou menos quando os gêmeos vieram / Batalharam grana, seguraram legal, a barra mais pesada que tiveram / Eduardo e Mônica então decidiram se casar / Um casamento indiano em algum lugar perto do mar / "O mar tá muito longe", um deles lembrou, vai ser aqui mesmo e assim ficou / Foram p'ra Bahia e outro deles, Eduardo, foi parar lá no banco central / Cristalina, Sampaio, Rio de Janeiro e a Mônica dá aula na escola normal / Eduardo e Mônica estão no Lago Norte ele projetou a casa e ajudou na construção / Só que nessas férias não vão viajar / Porque o filhinho do Eduardo tá de recuperação / E quem um dia irá dizer que existe razão nas coisas feitas pelo coração / E quem um dia irá dizer / Que existe razão / Nas coisas feitas pelo coração? / E quem irá dizer / Que não existe razão?

A versão final, no entanto, é muito diferente, mais enxuta e com menos elementos para o desfecho, que anteriormente definia Mônica como professora da Escola Normal:

> Construíram uma casa há uns dois anos atrás / Mais ou menos quando os gêmeos vieram / Batalharam grana, seguraram legal / A barra mais pesada que tiveram / Eduardo e Mônica voltaram pra Brasília / E a nossa amizade dá saudade no verão / Só que nessas férias, não vão viajar / Porque o filhinho do Eduardo tá de recuperação / E quem um dia irá dizer / Que existe razão / Nas coisas feitas pelo coração? / E quem irá dizer / Que não existe razão?

O casamento indiano, a distância da praia e o fato de Eduardo ter ajudado a projetar e construir a casa no Lago Norte, hoje bairro nobre da capital, foram eliminados da versão gravada pela banda. Na segunda narrativa as rimas conversam melhor que na primeira, mais próxima dos versos livres. Isso aponta para uma profissionalização de Renato Russo, no sentido mercadológico, no âmbito das grandes gravadoras, que leva em conta o público e não mais apenas os seus seguidores dos shows feitos na capital do país. Renato encontra Eduardo evoluído, entendendo melhor que precisa trabalhar e prover, vivendo uma outra realidade. Mais uma vez é possível ver que Eduardo é o espírito livre e acaba direcionado na vida pela presença de Mônica.

Em 11 de outubro de 2019, mais uma vez lembrou-se a morte de Renato por meio da vivência e de uma identificação que atravessa gerações, registrada no relato do jornalista e filósofo Alexandre Arbex, via postagem no Facebook, relatando a sincronia entre ele e a filha, ao som desta canção:

> Neste dia 11 fez vinte e três anos que o Renato morreu. Numa manhã dessa semana eu levava a Estela para a escola

quando começou a tocar "Eduardo e Mônica" no rádio do carro. Eu já sabia que ela gostava da música, e aumentei o volume. Ela começou a cantar, saltando aqueles trechos incompreensíveis para uma menina de 10 anos – "Bandeira, Bauhaus, Van Gogh" –, e recitando, com um prazer, com uma espécie de orgulho cívico, as referências a Brasília na letra. Eu tinha 7 ou 8 anos quando escutei a canção pela primeira vez, no rádio do carro do meu pai, e me lembro do quanto aquela história também me interessava, a menina com tinta no cabelo que fazia medicina e falava alemão, o menino que ia de camelo para um encontro no Parque da Cidade. (Eu pensaria por muito tempo que esse camelo era um rasgo surrealista na história, até descobrir que se tratava de uma gíria candanga – hoje em desuso – para bicicleta.) Não fazia ideia de que um dia viria morar em Brasília: eu via o Centro-Oeste no mapa do livro de geografia e tinha certeza absoluta de que jamais poria os pés naquele quadradinho intrigante, que perturbava como um erro geométrico a harmonia barroca do sinuoso estado do Goiás. Estou aqui faz dez anos e, embora siga sendo um copacabanense incorrigível, contraí algo como uma ternura sóbria por Brasília. Em parte devo isso à Estela, porque todas as lembrança que venho juntando da infância dela têm esta cidade como paisagem de fundo e, portanto, como uma defesa contra o esquecimento: quando Estela deixar de ser criança, a monotonia arborizada das quadras ainda poderá evocar na minha memória a cor alegre da melhor época da minha vida. Em parte, devo isso, também, ao Renato: nos momentos frequentes em que me indisponho com Brasília neste longo desterro, nos momentos em que me exaspero diante da rigidez de laboratório dos seus circuitos, dessa vida, enfim, sem interjeições, uma música da Legião me reconcilia outra vez com a capital, e transfunde para as formas planejadas da maquete um pouco de história, de sangue, de arte. Como era para mim, a parte preferida de "Eduardo e Mônica" para a Estela é o trecho final, que fala do filhinho em recuperação que frustra a viagem de férias da família. É claro: a imagem toca a uma experiência da infância, é por onde as crianças entram na música. Hoje, tantos anos depois, a parte que mais gosto de ouvir é outra: "Eduardo abriu os olhos, mas não quis se levantar". Porque começa assim.

Este é um relato sobre um pai e uma filha que ouvem e cantam Legião em tempos diferentes, atualizando a letra da canção em um presente comum. Estela, na época da postagem, era uma menina de 10 anos com um pai já na casa dos 40 que foi para Brasília e lá criou raízes. Brasília e seus sujeitos, Brasília e sua reinvenção pelas mãos da Legião, que soube captar muito mais que o espírito da juventude da capital. Essa mesma juventude também está presente em outra letra de canção da banda, "Tempo perdido", cujo tema é o estado de espírito transitório e doído do indivíduo que começa a perceber seu lugar no mundo, no sistema, diante das regras do cotidiano. Neste embate com o tempo, Renato propõe mais um parâmetro poético ao pensar o sujeito: o próprio tempo. Nas relações, o tempo é fator que demarca a resiliência, palavra tão afeita ao capitalismo e à aceitação do cansaço como fator parte do cotidiano.

Para além de desenvolver uma relação melhor com o sistema e nele se envolver, envolvendo-se também com o outro, e estabelecer um norte, um chão, uma vida, o sujeito demarca sua trajetória no tempo. Há uma canção na história da Legião Urbana que abarcava esses dois elementos tão caros à condição humana: o trabalho e o tempo. No entanto, a música "1977" foi gravada e nunca lançada porque Renato não gostou do resultado e acabou desmembrando-a para dar origem a outros dois futuros estouros nas rádios: a melodia inspirou "Fábrica", e parte da letra deu vida a "Tempo perdido". Outro fato interessante acerca dessa composição é que, devido à autoria exclusiva ser de Renato, quando Dado e Bonfá quiseram lançar um álbum póstumo em que uma das faixas seria essa, houve um embargo do projeto na justiça, por questões de direitos autorais. Depois desse episódio, Dado e Bonfá lançaram o box comemorativo dos 30 anos da Legião Urbana sem esta faixa.

A juventude sofre os efeitos do tempo. Na visão ocidental de estudos versus faixa etária, os privilegiados que frequentam o ensino regular desde a infância encontram na adolescência o desafio de lidar com limites, ócio, transformações e tédio. Neste contexto, o sujeito de "Tempo perdido" estabelece um tempo próprio, vivido diariamente, desde o instante em que ele acorda ao em que se recolhe. Este sujeito se constrói a partir das regras que são transmitidas como se fossem cantos ancestrais, escritos em alguma pedra perdida em algum texto sagrado. Na contagem do tempo surge a ideia de que o passado está perdido e que, por isso mesmo, não há mais tempo a perder. O trabalho, representado pelo "suor sagrado", opõe-se ao "sangue amargo", sendo mais sério e selvagem que as durezas do cotidiano. Nessa urgência da fuga do tempo comum, o eu-lírico se vê numa contradição: "Veja o sol dessa manhã tão cinza / A tempestade que chega é da cor dos teus olhos castanhos". Essa manhã que anuncia uma tempestade tem um sol entre o cinza e a cor dos olhos de um outro sujeito, castanhos. Situada no horizonte, a tempestade surge como metáfora do fim. "Tempestade" é o último álbum da Legião Urbana com a participação ativa de Renato.

O embate interior surge na construção dessa imagem, uma das mais belas compostas por Renato. Sugestão do sofrimento que vem com os tons alheios, a letra mostra uma fuga, no instante do abraço, no flagrante da angústia pela falta de luz e por promessas confusas: "E o que foi prometido, ninguém prometeu / Nem foi tempo perdido / Somos tão jovens". Ainda no âmbito da juventude, o poeta aponta para o "Ainda é cedo", por ser ele e o outro "tão" jovens, revelando um tempo que é longo, que não urge, aceita erros e sugere um universo de visões de futuro. É a angústia que os filósofos e pensadores do nosso tempo captam no sujeito contemporâneo: ter todo o tempo do mundo, mas não poder perdê-lo. A questão é: por onde começar?

O poeta Wally Salomão já dizia que a memória é uma ilha de edição, e nosso sujeito "lembra e esquece" como foi o dia, insinuando que por sua mente repassa o cotidiano escolhendo, intencionalmente ou não, aquilo de que vai se lembrar. Entre o desejo ou simples esperança de ter todo o tempo do mundo, este sujeito evoca a frase "somos tão jovens" que explica muitas coisas: desencontros, desarranjos, inocência e desvios do caminho, mas também isenta de certa maneira os erros cometidos. Ter o próprio tempo, numa perspectiva plural ("temos", "nosso"), é dar conta da condição de 24 horas imposta como rotina que delimita manhã e tarde para ofício e noite para descanso.

Mais uma vez o cancionista ressalta a questão da existência e descreve a angústia da passagem do tempo: "não tenho medo do escuro, mas deixe as luzes acesas agora". Desligá-las significa romper, finalizar, terminar algo. "Sagrado", "sangue amargo", "sério" e "selvagem" dão a ideia do que vem de dentro, do sacrifício, do que tem alto custo e pede um abraço que sela a calmaria: "então me abraça forte / me diz mais uma vez / que já estamos distantes de tudo". A impressão de que o tempo e a tempestade são maiores que o sujeito o apavora, refletindo a necessidade de refazer a relação com esses elementos. É estar vivo.

A palavra "sangue" aparece novamente no primeiro verso de outra canção, "Metrópole", mas agora vai além de um gosto amargo na boca, é realidade: "É sangue mesmo, não é mertiolate / E todos querem ver / E comentar a novidade". Nos versos que seguem, o sujeito fala da presença da violência na sociedade e como o circo que agora se monta confirma o caos urbano. A excitação se dá por conta da televisão, que mostra o sangue e a crueza dos dias, com seu sensacionalismo. Nas repartições públicas, as frases robotizadas dos atendentes, que exigem números, papéis e documentos, são apresentadas entre aspas, um discurso direto como citação desses mantras da burocracia.

Em 15 versos seguidos temos o descaso metálico diante do sofrimento do outro, que culmina com a demonstração explícita do interesse próprio, contra a ética, contra a humanidade: "Em todo caso já temos sua ficha / Só falta o recibo comprovando residência / Pra limpar todo esse sangue, chamei a faxineira / E agora eu já vou indo senão eu perco a novela / E eu não quero ficar na mão". O tom de protesto já mostra o que veremos no álbum seguinte, "Que país é este 1978-1987". A indignação por conta do descaso, da impotência e da desumanização que a máquina do cotidiano faz com os corações humanos. Paul B. Preciado (2018, p. 365) nos dá a pista para a solução do que seria o futuro deste ser humano, neste tempo, neste planeta:

> O problema reside precisamente no fato de que ninguém virá nos salvar e que estamos ainda a uma grande distância do nosso desaparecimento inevitável. Assim é necessário pensar em fazer uma ou outra coisa enquanto nos extinguimos, sofremos mutações e mudamos o planeta, inclusive se esta coisa for acelerar nosso próprio desaparecimento, a nossa mutação ou o nosso deslocamento cósmico. Sejamos dignos de nossa própria queda e imaginemos para o tempo que sobra os princípios de uma nova filosofia pornopunk.

O sangue está nas ruas. O curioso é o não estranhamento que ele causa ou a apatia diante da barbárie. A banalização da coisificação humana já percebida por Renato e ressignificada com Preciado nos faz cogitar o alcance do pensamento do primeiro se ele tivesse a oportunidade de viver nosso tempo. Renato era o punk de boutique da metrópole na qual circulava o mesmo sujeito perdido. Dessa forma nós entendemos que as metrópoles há tempos não são coadjuvantes das pessoas. Na verdade, elas ganham status de personagem próprio.

Lembramos aqui Ítalo Calvino e seu "As cidades invisíveis" (1972), no qual escreve sobre os locais que Marco Polo apresenta a Kublai Khan, imperador dos tártaros, a pedido deste, pois Marco viajara por 55 cidades, que apresenta ao imperador usando subtemas: "as cidades e a memória", "as cidades e o céu", "as cidades e o mortos", entre outros. O interessante aqui é perceber a beleza destas narrativas e de como esses locais surgem diante do imaginário de Kublai e do leitor de Calvino. Tal lembrança nos leva ao sentimento que essa aura típica das cidades desperta no leitor, mais precisamente no leitor que ouve e lê (via encartes) as canções escritas por Renato.

Esses sujeitos também estão nas cidades. Perseguidores de sonhos, desiludidos, autômatos e poetas, alguns artistas aqui e ali, muitos indivíduos foram, de diversas formas, impactados por cidades: Charles Baudelaire, García Lorca, Jack Kerouac, Allen Ginsberg, Renato Russo tiveram suas experiências tão marcantes que as transformaram em livros, canções e poemas inteiros dedicados a elas. Pela caneta Bic azul de Renato, as composições intituladas "Música urbana I e II" são evidentemente desta área, na percepção do ser/estar urbano e suas consequências. Eis aqui um trecho da canção "Música urbana", de número II: "Em cima dos telhados as antenas de TV tocam música urbana / Nas ruas os mendigos com esparadrapos podres / Cantam música urbana / Motocicletas querendo atenção às três da manhã / É só música urbana".

É nessa massificação do eu, quando é preciso se desconectar para não perder a noção dos dias, que "Música urbana II" apresenta o olhar para fora do espaço de quem pensava antes em não ter mais o dia que passou. Esse retrato urbano inicial foi recriado em quadros mais representativos da realidade e, agora, há pedaços de ações como parte de uma música diferenciada, que é a urbana, feita de antenas de TV, mendigos, motocicletas, PMs, tropas de choque, viciados, crianças de rua, pontos de ônibus e tantas outras referências à cidade: "Música urbana", substantivo e adjetivo, repetem-se 11 vezes na letra, enfatizando a ideia de rotina, de cotidiano massificado da cidade. Este recurso atrelado ao blues, melodia que acompanha esta letra de canção, mostram a cidade como um ambiente moderno por si próprio. Suas batidas e cadências são "só música urbana". Reificação.

Essa composição é a segunda etapa de outra, "Música urbana I", que Renato Russo criara na época do Aborto Elétrico, e que Fê Lemos levou como repertório da banda Capital Inicial na partilha das canções desta primeira banda de ambos: "As ruas têm cheiro / De gasolina e óleo diesel / Por toda a plataforma / Toda plataforma / Toda a plataforma / Você não vê a torre…". O cancionista criou na primeira versão um retrato da metrópole: "Tudo errado, mas tudo bem / Tudo quase sempre / Como eu sempre quis / Sai da minha frente / Que agora eu quero ver... ". Na segunda versão, do disco "Dois", esse retrato urbano inicial foi recriado em quadros mais fièis à realidade, com fragmentos de ações como elementos de uma música única, a urbana, feita de antenas de TV, mendigos, motocicletas, PMs, tropas de choque, viciados, crianças de rua, pontos de ônibus e tantas outras referências à cidade.

O que há nesta canção é o underground, o outsider, a cidade do avesso, em sua vertente suja, triste e abandonada. O sujeito que chama essa realidade mostra também que esse quadro é repassado nas escolas, que essa "música" não cessa porque ela é ensinada, reproduzida, e conclui: "Não há mentiras nem verdades aqui / Só há música urbana". Mais um protesto, com a envergadura do óbvio, do visto, do que todos conhecem, da rotina que segue banalizada. É o cotidiano que revela o caos, estética puramente punk, trazendo o horror, o que não se quer ler/ouvir e aquilo que também acaba por ser consumido e repetido como entretenimento. Poesia da/na ausência de poesia, assim como em outra letra também de Russo e do disco "Dois", intitulada "Fábrica": "Nosso dia vai chegar / Teremos nossa vez / Não é pedir demais / Quero justiça / Quero trabalhar em paz / Não é muito o que eu lhe peço / Eu quero trabalho honesto / Em vez de escravidão".

Desejos diversos são expostos nessa letra, que está entre o protesto e a calmaria. A voz é de um sujeito consciente de que ocupa um lugar sem privilégios, onde atua como operário e é explorado. Nos versos em que pede justiça não há um tom inflamado, mas quase que uma condescendência, como um grito abafado. Em vez de construir um lugar em que se tenha o justo, o sujeito imagina que exista tal lugar, "onde o mais forte não consegue escravizar quem não tem chance". "De onde vem a indiferença / Temperada a ferro e fogo? / Quem guarda os portões da fábrica? / O céu já foi azul, mas agora é cinza / E o que era verde aqui já não existe mais." Ferro e fogo, elementos do progresso fordista e da subalternidade, tão presentes nas fábricas, que por vezes destroem a natureza e os homens, são para o eu-lírico elementos incorporados: "Quem me dera acreditar / Que não acontece nada de tanto brincar com fogo / Que venha o fogo então". Nessa visão do drama anunciado, o sujeito cede ao que lhe é imposto: resignação.

Os últimos versos da canção dão voz ao operário, para mostrá-lo como participante de um sistema que o oprime, diminuindo-o diante de si mesmo: "Esse ar deixou minha vista cansada / Nada demais". É a voz que não busca despertar a revolta, mas que já surge como um resto na frase "quem me dera", que será longamente repetida nos versos da canção seguinte, "Índios", do mesmo disco, da qual "Fábrica" foi introdutória, desenhando a longa linha dos explorados, dos vencidos, em diferentes situações: "Quem me dera, ao menos uma vez / Ter de volta todo o ouro que entreguei / A quem conseguiu me convencer / Que era prova de amizade / Se alguém levasse embora até o que eu não tinha" (trecho que já estava presente na canção "Índios").

Um sujeito nas cidades

Walter Benjamin trabalha este novo conceito de *flâneur* baudelairiano em suas análises e é aí que é rebatizada a relação entre o poeta e a metrópole, muito usada para os estudos sobre a modernidade: caminhar, perder-se na cidade, buscando-a e buscando neste movimento a si mesmo. Falamos então de simbiose. Eis o primeiro poema do livro de Baudelaire, dedicado ao leitor:

> A tolice, o pecado, o logro, a mesquinhez
> Habitam nosso espírito e o corpo viciam,
> E adoráveis remorsos sempre nos saciam,
> Como o mendigo exibe a sua sordidez.
>
> Fiéis ao pecado, a contrição nos amordaça;
> Impomos alto preço à infâmia confessada,
> E alegres retornamos à lodosa estrada,
> Na ilusão de que o pranto as nódoas nos desfaça.
>
> Na almofada do mal é Satã Trimegisto
> Quem docemente nosso espírito consola,
> E o metal puro da vontade então se evola
> Por obra deste sábio que age sem ser visto.
>
> É o Diabo que nos move e até nos manuseia!
> Em tudo o que repugna uma joia encontramos;

Dia após dia, para o Inferno caminhamos,
Sem medo algum, dentro da treva que nauseia.

Assim como um voraz devasso beija e suga
O seio murcho que lhe oferta uma vadia,
Furtamos ao acaso uma carícia esguia
Para espremê-la qual laranja que se enruga.

Esta escrita que se insere no cotidiano cinza e sujo das cidades, que vista de cima massifica os seus e, debaixo, revela mendigos, ratos e lixo, é a prova de que nesse novo contexto ainda é possível fazer poesia. Quando Baudelaire identifica as massas nas cidades e constrói poemas sobre o sujeito que se mescla e funde, está escrevendo o mote para a música que vai ao encontro deste urbanoide, o ser que amalgamado compõe o ritmo enlouquecedor das grandes metrópoles.

Essa exploração do que não pode ser poético já apareceu, quando Renato Russo criou, na época do Aborto Elétrico, junto com Fê Lemos, "Música urbana". Este sujeito urbano e desconectado da modernidade perde a noção da existência, encontra o caos à Blade Runner como visão de futuro e dialoga com esse asfalto. O cheiro de gasolina só não é pior que o de sangue e suor que vem deste cotidiano abusivo do trabalho mal remunerado que nasce do espírito fordista de produção. Haja resiliência e fé para diminuir a indignação de um espírito cansado, como fica claro em "Fábrica", cujo tom de protesto varia entre a vontade de manifestar a insatisfação e a impossibilidade de fazê-lo, dilema tão comum e atual.

O sujeito que quer justiça não tem: ele pede, mas seu discurso não ofende, não desce do muro. É o lugar de fala do oprimido, daquele que aceita por necessidade, embora reconheça esta opressão. Assim, mesmo sem guardas nos portões das fábricas, não há fuga. A massa de operários, embora numericamente maior, não se rebela. Esta resignação que ofende a humanidade dos sujeitos era muito presente na escrita estadunidense do início do século XX, quando as fábricas começam suas operações e o pagamento pela hora trabalhada é ínfimo. Émile Zola escreve sobre isso em sua obra "Germinal", de 1885, retrato doloroso de um tempo de miséria absoluta e desesperança. Paul Zumthor (2010, p. 306) registra que a canção política tem origem urbana e está ligada à sociedade industrial. Em toda a Europa do século XVIII, poemas e canções aos milhares narravam os fatos do dia, à maneira da imprensa, segundo o teórico: "A voz do cantor assume uma violência no grupo para o qual ela se dirige. Logo, literalmente, ela regurgita. Na maior parte das nações europeias, dos séculos XVII ao XIX, circulam canções sobre os crimes do dia, assassinatos, estupros, incestos, tudo o que fere espetacularmente o contrato social".

Esse caminho que denuncia o sistema que cala os sujeitos vitimados pelas suas condições de subalternidade e necessidade segue firme na escrita do cancionista. Renato, embora representante de uma classe média alta brasiliense, escolhe mostrar sua percepção das injustiças sociais covardes e capitalistas, ainda que não sendo vitimado por elas. Essa inclusive é uma das críticas que a Legião Urbana sofreu dos seus contemporâneos, já que os integrantes vinham de famílias abastadas, não sendo, portanto, "legítimos" representantes do punk.

Não ter vivido essas dificuldades relatadas nas letras não impede um escritor, poeta ou cancionista de ser legítimo em suas construções poéticas e esse respeito. Além das mazelas sociais, já num campo mais perturbador desta regra de vivência, vemos Chico Buarque incorporando um eu-lírico de um gênero diferente do seu, muitas vezes sendo visto como legítimo representante do espírito feminino. A criação ultrapassa essas questões de gênero e origem e, ainda que essa visibilidade do lugar de fala seja legítima, viver o que se conta/canta/cria não é determinante para (in)validar uma obra artística.

Este pensamento nos remete a uma das letras de Renato que também mudou as regras de mercado e execução nas rádios: "Índios". Como o cancionista usa aqui o olhar desse sujeito que recebe o "conquistador"? Transgredindo. O primeiro verso começa com o eco de "Fábrica": "Quem me dera, ao menos uma vez", o desejo é o mesmo daquele operário em sofrimento. Em "Índios" o sujeito traz o passado e quer o impossível, pois o que ele deseja recuperar já não pode mais ser trazido de volta. Ao longo desta letra há uma confusão de vozes, entre a do índio e a do sujeito que atende por todos os rótulos. Assim o cancionista apresenta uma sucessão de desenganos, de arrependimentos e frustrações que vão além da tribo.

Na primeira estrofe, a amizade abriu espaço para a exploração, o ouro foi levado em nome dessa mentira e o sujeito deu ao outro até o que não tinha. Na segunda estrofe, a ostentação, com panos de chão "feitos de linho nobre e pura seda", diante alguém que não acreditava ser possível o absurdo, mas que constata essa insanidade e não consegue esquecê-la: "Quem me dera, ao menos uma vez / Esquecer que acreditei que era por brincadeira / Que se cortava sempre um pano-de-chão / De linho nobre e pura seda // Quem me dera, ao menos uma vez / Explicar o que ninguém consegue entender / Que o que aconteceu ainda está por vir / E o futuro não é mais como era antigamente".

Surge aqui a desilusão pela repetida exploração, pela ganância cega e destruidora, que cai diante do luxo, do poder. "Índios" poderia ser o retrato de qualquer nação, de reinos e impérios, pois tem uma universalidade que abrange os operários, os trabalhadores, os explorados. A voz do sujeito vem dessa dimensão e vai além, questiona também o amor a um Deus que foi assassinado pelos próprios fiéis, amado e morto, algo incompreensível. O refrão apresenta uma mudança de tema, que traz a canção de volta para o âmbito da relação confusa entre dois indivíduos: "Eu quis o perigo e até sangrei sozinho / Entenda / Assim pude trazer você de volta pra mim / Quando descobri que é sempre só você / Que me entende do início ao fim / E é só você que tem a cura pro meu vício / De insistir nessa saudade que eu sinto / De tudo que eu ainda não vi".

Ao se expor à dor, o sujeito lembra do outro, daquele capaz de lidar com seu íntimo, trazendo a cura para um vício paradoxal – o da saudade que vem de tudo que ainda não se viu/viveu. Essa saudade é pautada na suposição e também resgata esse outro, cuja retribuição é desconhecida, exatamente como a relação do índio com o conquistador, que oferecia objetos banais em troca de tesouros, abusando da inocência do conquistado.

A poluição e a destruição surgem como preços do progresso, e isso mais uma vez nos remete às metrópoles e às fábricas, partes do pacto pela "evolução humana". Brincar com fogo, na letra da canção, remete à destruição da natureza do homem também, à exploração não só de objetos e bens de consumo, mas do outro, do "irmão". O aspecto humano não é visto como fonte de lucro, sacrifícios de vida das fontes de todas as vidas. Aqui, Renato também faz uma analogia à destruição do eu, em todos os sentidos amplos que a fábrica pode abrigar, atropelando o que deveria ser valorizado e trazendo o vazio do exagero, do desperdício. "Quem me dera" é um verso reincidente, representando algo que nunca acontece, nem vai acontecer. Traz essa pureza perdida e almejada – "Quem me dera, ao menos uma vez, / Entender como um só Deus ao mesmo tempo é três / E esse mesmo Deus foi morto por vocês / É maldade então, deixar um Deus tão triste" –, o não entendimento do sacrifício de Deus pelo homem, a vida de Cristo que foi tirada em prol de uma humanidade que nada aprendeu. A história se repete. O sujeito que sangra na canção por um outro é o mesmo que não entende, não compreende, pois não há perfeição, nem felicidade, tampouco gratidão.

O que o cancionista consegue com estas letras de protesto é glorificar em suas imagens a perda do caráter humano, e seus sujeitos sofrem a opressão que parte de outros sujeitos, seus semelhantes. O não reconhecimento do outro serve também para si mesmo, pois "nos deram espelhos e vimos um mundo doente", e o eu também está perdido. O sujeito utópico que sofre diante da falha da crença é o índio diante do colonizador, do jesuíta, do sujeito comum, que, em tempos atuais, ainda se vê ameaçado diante das relações humanas. Atualização. A revelação é comum na descoberta, mostrar as intenções do outro. A inocência que reconhece a maldade não consegue entender a lógica do outro na sua postura diante do mundo. E essa imagem serve para vários tipos de relacionamentos humanos que existem desde antes dos índios, chegando à modernidade tardia, à modernidade líquida, enfim, à contemporaneidade.

Diante desse cenário distópico, a descrença seria o jeito de erguer um novo sujeito? Na visão de Renato, a opção ainda é acreditar. Após o lançamento dessas canções de protesto em sequência, quando o esperado seria continuar o discurso caótico e desiludido, Renato se volta para seu projeto artístico incluindo algo que nunca o abandona: a esperança. "Mas é claro que o sol vai voltar amanhã / Mais uma vez, eu sei / Escuridão já vi pior, de endoidecer gente sã / Espera que o sol já vem" são os versos iniciais da letra da canção que Renato juntou à melodia de Flavio Venturini, do 14 Bis, que culmina com oito versos repetitivos, como que para apagar a programação de descrença na raça humana e implantar uma nova programação mental:

Quem acredita sempre alcança!
Quem acredita sempre alcança!
Quem acredita sempre alcança!
Quem acredita sempre alcança!
Quem acredita sempre alcança!
Quem acredita sempre alcança!
Quem acredita sempre alcança!
Quem acredita sempre alcança!

A parceria de Renato Russo com Flavio Venturini aconteceu em meados de 1987, no intervalo entre "Dois" e "Que país é este 1978-1987", álbuns da Legião Urbana que ainda têm um forte traço de protesto e engajamento político. Gravando no mesmo estúdio, um dia Renato passou pela sala onde o grupo 14 Bis, do qual Flávio era vocalista, ensaiava os acordes de uma nova música. Gostou do que ouviu e pediu para compor a letra. Após três meses, estava pronta "Mais uma vez", que se tornou um hit nas rádios. O próprio Venturini relembra o encontro, em entrevista ao site do UOL. "Ele escreveu baseado na ideia de que um pai dizia para o filho que o sol voltaria a brilhar depois da tempestade. Eu gostei da ideia, a gente conversou, e ele ficou de me entregar a letra. Eu mandei para ele a base da música e três meses depois ele me entregou a letra". Outro relato interessante consta do livro "Discobiografia legionária", de Chris Fuscaldo, em que ela registra a fala de Venturini sobre este encontro com Renato: "Nós do 14 Bis estávamos pela EMI-Odeon prestes a gravar um novo disco, e começamos a ver o pessoal da Legião Urbana, de quem estavam falando muito lá na gravadora. Houve um momento em que conhecemos o Renato e a primeira coisa que ele falou foi: 'Sou fã do Terço, adoro 'Criaturas da noite'". Flavio Venturini havia tocado na banda O Terço entre 1974 e 1976, antes de fundar, em 1979, o 14 Bis.

Renato Manfredini Jr. pensava muito na mensagem que estava entregando, além do projeto artístico que a gravadora queria da banda. Essa canção é uma prova disso, trazendo muito desse sujeito que está presente em sua produção, um eu-lírico que sofre as dores da realidade e ainda assim mantém a crença na humanidade, pensando no sentido de esperança e fé da filosofia judaico-cristã, daquilo que persiste e não se abala, sobrevivendo à tempestade. Das contradições propositais de sua poesia, o mesmo autor de "quem acredita sempre alcança" escreve também "Tédio (com um T bem grande pra você)". Isso para falar desse jeito de ser adolescente que ainda está sujeito à hierarquia do lar e da vida, num lugar indefinido e cheio de atitude.

Outra banda já havia gravado uma música com o mesmo nome quando a Legião Urbana lançou seu primeiro LP, por isso Renato guardou essa canção para o terceiro álbum da Legião. Feita para ser um hino punk, a letra é um retrato dos descaminhos da juventude brasiliense na virada da década de 1970 para a de 1980. Nada para fazer na cidade e pouco a acrescentar, longos passeios pelas entrequadras e dias inteiros dormidos mostravam que a juventude que povoava as noites de Brasília vivia o tédio: "Moramos na cidade, também o presidente / E todos vão fingindo viver decentemente / Só que eu não pretendo ser tão decadente não / Tédio com um T bem grande para você". Novamente o cenário político surge associado a um termo pejorativo, evidente quando o sujeito não deseja ser tão "decadente" quanto os demais. E graças a esse sentimento de viver o nada ao mesmo tempo em que a construção de sua identidade admite certa superioridade diante dos demais, presente em muitas das composições das bandas nesse período, surgiam os shows nas entrequadras do Distrito Federal, reunindo as bandas e os músicos que fariam eclodir o cenário do rock nacional.

A banda que também escreveu uma canção de mesmo título era o Biquini Cavadão, e na sua versão, composta por um grupo de autores (Alvaro Birita, Bruno Gouveia, Miguel Flores, André Sheik), também se via o ócio como diretriz de um grupo de jovens: "Vejo o programa / Que não me satisfaz / Leio o jornal que é de ontem / Pois pra mim, tanto faz / Já tive esse problema / Sei que o tédio / É sempre assim / Se tudo piorar / Não sei do que sou capaz... / Tédio! / Não tenho um programa / Tédio! / Esse é o meu drama / O que corrói é o tédio / Um dia eu fico cego / Me atiro deste prédio...". Semelhante na temática, a banda do Rio de Janeiro expressa muito do que era vivido no Distrito Federal, sinal do sentido de pertencimento do tema para a juventude, que, açoitada pelo tempo livre, faz dele o seu vilão e a sua inspiração. Curiosamente, Renato participa de uma faixa no primeiro disco do Biquini Cavadão, "Cidades em torrente", lançado em 1985. "Múmias" é o título da canção, que também se situa na cidade, falando sobre a decadência das pessoas e habitantes. A faixa fez sucesso nas rádios e Renato aparece num dueto com o vocalista Bruno Gouveia.

Muitos veem a letra de "Tédio (com um T bem grande pra você)" como a mais fraca de Renato. Seus colegas de banda na época também declararam que a letra não tinha tanta força como as demais, tendo em vista que, no mesmo álbum, Renato lança "Depois do começo", com uma melodia bastante elaborada, assim como a letra. Ela começa com um plano traçado para dois sujeitos. O verbo conjugado na primeira pessoa do plural – "vamos" – dita quem são os sujeitos dos verbos no infinitivo que inauguram os demais versos: "Vamos deixar as janelas abertas / Deixar o equilíbrio ir embora / Cair como um saxofone na calçada / Amarrar um fio de cobre no pescoço / Acender um intervalo pelo filtro / Usar um extintor como lençol / Jogar pólo-aquático na cama / Ficar deslizando pelo teto".

Em ações que remetem ao leito, ao lar, surge uma trama metafórica, em que os sujeitos atuam em um espaço surreal, glutões do (im) possível imaginário: "vamos beber livros e mastigar tapetes" e "cuspir um dia qualquer no futuro". Com esse teor mágico, gigantes de um espaço limitado, os autores desta letra-devaneio se assumem ateus; e, sem enaltecer o príncipe, cortam seus cabelos para entregá-los a um Deus plebeu, ironia fina, que desconstrói limites e o sagrado.

A quebra do distanciamento entre os sujeitos e o sagrado eleva essa letra e a sua temática. O cancionista constrói o sujeito em um terreno lúdico, de recriação, que acaba sempre com o anúncio de um novo começo. "O que vier vai começar a ser o fim / E depois do começo / O que vier vai começar a ser", versos finais da canção, confirmam a vontade de regularizar o novo, nascendo um ser do que vier e que não se sabe o que (ou quem) é. Essa ilusão construída verso a verso pelo cancionista mostra sua decisão de não subjugar o seu público, que bebe em referências elaboradas e esteticamente complexas para a cena do rock, tão malvista e reduzida pela crítica. Renato mostra em "Depois do começo" sua intenção de levar poesia ao universo do "bate-estaca", o que também é ironizado por ele no encarte, pois há uma advertência sobre a tentativa de buscar significados nessa canção.

O enfoque no público juvenil e urbano está explícito não só em "Depois do começo", como em outras duas canções também do mesmo álbum "Que país é este 1978-1987". "Química" e "Eu sei" foram grandes hits radiofônicos quando lançadas e falam diretamente ao espírito do jovem em busca de respostas para o futuro. A primeira destas letras foi escrita querendo retratar a indignação de um estudante que não gosta da matéria escolar e acabou atingindo em cheio o coração de todos os jovens. Percebendo essa onda, os Paralamas do Sucesso gravaram a canção no seu primeiro disco, mostrando à gravadora o potencial criativo do então desconhecido Renato Russo. Para Renato, a repercussão não foi tão positiva, pois na época ele foi ridicularizado pela verve pobre da composição. E diz a lenda que ronda a primeira banda de Manfredini Jr. que esse foi um dos motivos para o fim do Aborto Elétrico.

No entanto, há em "Química" a percepção sensível do cancionista de que seu público se veria em cada verso da letra. Ingênuo ou não, o conteúdo traz a referência a um campo de concentração alemão para equivaler à reclusão do lar diante da necessidade dos estudos: "Chegou a nova leva de aprendizes / Chegou a vez do nosso ritual / E se você quiser entrar na tribo / Aqui no nosso Belsen tropical". Berger-Belsen foi um campo de concentração nazista, localizado na Baixa Saxônia, onde cerca de 70 mil pessoas morreram, inclusive Anne Frank e a sua irmã Margot Frank, em março de 1945. Com isso, Russo cria uma estrofe de advertência, cheia de ironia contra o sistema, sobre o significado de convencer essa massa, o que fica claro na última estrofe, com a "infalível" fórmula de sucesso que tantas vezes os pais tentam transmitir aos filhos: "Ter carro do ano, TV a cores, pagar imposto, ter pistolão / Ter filho na escola, férias na Europa, conta bancária, comprar feijão / Ser responsável, cristão convicto, cidadão modelo, burguês padrão / Você tem que passar no vestibular". Renato Manfredini Jr. não passou no vestibular da Universidade de Brasília e foi cursar jornalismo no então CEUB – Centro Universitário de Brasília –, faculdade particular da capital.

Seguindo este modelo, o sujeito consegue não só entrar no sistema, como desfrutar do que de melhor ele oferece. Essa receita pode ser certeira, no entanto choca-se totalmente contra o espírito punk, mostrando que nada fica mais distante do espírito jovem que uma fórmula comum. O dilema do sujeito é saber que é melhor ir contra a corrente do que a seguir, e o cancionista mostra essa postura combativa numa canção que parecia falar apenas de uma disciplina escolar.

Ainda no terreno das inquietações juvenis, Renato dedica à segunda letra que mencionamos no início desta análise, "Eu sei", mais do que pareceria óbvio: ela começa com o vocábulo "sexo", logo transformado pelo adjetivo "verbal", o que desconstrói essa primeira provocação e já lança outra: "Sexo verbal não faz meu estilo / Palavras são erros e os erros são seus / Não quero lembrar que eu erro também". O sujeito sai do contexto de troca com o outro e impõe a distância por não assumir seus erros. Ao apontar a falha no outro, ele reforça o caráter da letra de que o indivíduo prefere permanecer ileso diante da interação com o outro. Por ser incapaz de mentir ou de criar avatares para o sexo, ele se isola em si mesmo.

A defesa está na fuga: "Feche a porta do seu quarto / Porque se toca o telefone pode ser alguém / Com quem você quer falar / Por horas e horas e horas". Essa incerteza diante das próprias atitudes mostra um eu desconexo, ainda frágil e refém da necessidade de ver a relação com o outro afirmada – "com honras e promessas / lembranças e histórias" – como que sem isso nada existisse. Com os versos "somos pássaro novo longe do ninho / eu sei", mais uma vez atinge em cheio o seu público, que se reconhece na inquietude de suas ações e reações.

"Eu sei" foi um dos maiores sucessos da Legião Urbana, sendo regravada inúmeras vezes e ainda presente no repertório das apresentações da banda após a morte de Renato. Ser "pássaro novo longe do ninho" é a sina de todos os que se deslocam, estudam em outros lugares, deixam seus lares nos anos de sua ainda formação inacabada, dos que detestam química e se interessam mais por educação sexual.

Quando fala dessa juventude alienada e frágil, Manfredini Jr. critica a si mesmo, sua geração e as que vieram antes dele e que viriam depois, apontando as falhas na ordem social repetida há séculos e que continua a trazer seus erros de geração em geração. O sujeito de "Eu sei" é o mesmo de "Química" e vai ao encontro de todos os personagens retratados por Renato em suas letras de canção, excetuando aqui João de Santo Cristo, o mártir de "Faroeste caboclo".

Renato traz nesta exceção um sujeito em trânsito, no transe de si e do estranhamento diante do outro / da cidade / do novo. Trata-se de uma letra de uma canção com longos nove minutos, posta à prova pela gravadora e pelo público, que não perdoou a primeira apresentação da canção pela Legião Urbana, no Morro da Urca, em 1983. Composta em 1979, é anterior a "Eduardo e Mônica" e segue a mesma linha narrativa, contando as desventuras de um imigrante que ousa enfrentar a metrópole em busca de melhores condições de vida. O personagem é o anti-herói João de Santo Cristo, cujo nome, de referência bíblica, garante sangue, suor, amor, lágrimas e redenção, fórmula de telenovela, reeditada para servir a um público não familiarizado com as epopeias. O final é trágico para a história de amor com Maria Lúcia, forjada pelos desencontros da prisão de João e a traição com Jeremias, traficante concorrente com quem ela acaba tendo um filho.

O cancionista reafirma o instante em que o apreciador da canção sente a necessidade de ir à letra, que todos decoravam a partir do encarte do LP ou dos livretos que ensinavam a tocar as músicas da Legião Urbana no violão, vendidos nas bancas de jornais e livrarias. "O povo declarava que João de Santo Cristo / Era santo porque sabia morrer / E a alta burguesia da cidade não acreditou na história / Que eles viram da TV". Era moda e "cult" saber recitar os versos do drama de João, símbolo de opressão, vitimado pelas más condições de vida que encontrou na capital e por uma sociedade cruel e burguesa: "E João não conseguiu o que queria / Quando veio pra Brasília com o diabo ter / Ele queria era falar com o presidente / Pra ajudar toda essa gente que só faz // Sofrer".

Conforme declara Renato Russo, essa sua letra é uma mistura de "Domingo no parque", de Gilberto Gil ("Foi no parque / Que ele avistou / Juliana / Foi que ele viu / Foi que ele viu / Juliana na roda com João / Uma rosa e um sorvete na mão / Juliana seu sonho, uma ilusão / Juliana e o amigo João..."), e "Aquela coisa", de Raul Seixas ("Minha cabeça só pensa aquilo que ela aprendeu / Por isso mesmo, eu não confio nela eu sou mais eu / Sim... pra ser feliz e olhar as coisas como elas são / Sem permitir da gente uma falsa conclusão / Seguir somente a voz do seu coração"), com a tradição oral do povo brasileiro. "Brasileiro adora contar história, e eu também queria imitar o Bob Dylan. Eu queria fazer a minha 'Hurricane'", afirmou Renato em 1990.

"Hurricane" é uma canção que Dylan escreveu em conjunto com Jacques Levi para narrar a trágica história de Rubin "Hurricane" Carter, pugilista estadunidense negro. Hurricane teve uma ascensão incrível nesse esporte em meados da década de 1960 e por isso (acredita-se) acabou acusado de um crime pelo qual respondeu e somente após cerca de 20 anos cumprindo a pena, e sempre alegando inocência, foi libertado. Essa história foi eternizada nos versos de Dylan (em tradução livre):

> Tiros de revólver ressoam na noite dentro do bar
> entra Patty Valentine vinda do salão superior
> ela vê o garçom numa poça de sangue
> solta um grito "Meu Deus, mataram todos eles!"
> aí vem a história do Furacão
> o homem que as autoridades acabaram culpando
> por algo que ele nunca fez
> colocando numa cela de prisão, mas houve um tempo
> em que podia ter sido o campeão mundial

E sua canção tornou-se emblema das injustiças cometidas por preconceito em uma época de morte e violência nos Estados Unidos por problemas raciais. A canção tem mais de oito minutos de duração e inaugura um fenômeno que respinga na composição de "Faroeste caboclo": as músicas que quebram os padrões de tempo do mercado fonológico e seduzem o público, inclusive quando executadas nas rádios.

Tema conhecido e reciclado por Renato em moldes de um faroeste, que acontece na utopia frustrada da ida de João de Santo Cristo para a capital do país, essa canção adquiriu ares de denúncia do que vinha acontecendo nos arredores do Plano Piloto e também da falsa integração entre os playboys e os que ousam acreditar que são inseridos nesse grupo restrito dos "filhinhos de papai" que moravam na área nobre da cidade e compunham o grupo dos "rebeldes sem causa". Nunca punidos, são retratados mais uma vez em protesto diante de uma máquina social enganosa, que pune apenas os desprivilegiados e consolida uma elite que se compadece falsamente (quando assiste pela TV, nos sofás de suas casas) com o drama da violência cotidiana das periferias.

O amor no impossível

A poesia desse novo tempo é a chave para entender esse novo sujeito, recontar histórias e gerar o não esquecimento, o não apagamento. Juntas – poesia e história, unidas pelo amor – tornam possível compreender e existir em meio ao horror cotidiano. Mesmo assim, o incômodo que Renato traz em seus versos persiste e nos faz perguntar: como falar de amor? Como falar de amor hoje? Como lidar com o amor descrito pela miscelânea de "Monte Castelo" e diante da análise dolorosa de Bauman sobre o amor na era do abandono de garantias sólidas e duráveis? Como falar de amor e poesia num tempo como o nosso? Como desfazer a prisão do amor em um conceito romântico que acena para um status de impossibilidade? Como falar de amor depois de "Faroeste caboclo" e tudo o que esta letra representa, tão atual?

Renato Manfredini Jr. escreveu um legado de amor sobre o amor. Para falar de amor na modernidade líquida, partindo de uma tentativa de resposta, vã, sobre tema tão escorregadio, Zygmunt Bauman contrapõe a rapidez das relações contemporâneas ao que acredita ser a vivência ideal do amor – "algo que não se pratica mais em sua essência, mas de um jeito acelerado, quase destrutivo. Todos os amantes desejam suavizar, retirar e destruir a estranheza que os separa daqueles a que amam. Separar-se do ser amado é o maior medo do amante, e muitos fariam qualquer coisa para se livrarem de uma vez por todas da perspectiva da despedida" (2004, p. 32).

As respostas estão na função do próprio poeta, tal como na letra de Russo, descrita por Octavio Paz em "O arco e a lira", visto em "Monte Castelo": "Estou acordado e todos dormem / Todos dormem, todos dormem / Agora vejo em parte / Mas então veremos face a face". Há uma necessidade inédita de resistir, persistir na crença, no amor antagônico à visão de apagamento do eu, que vê o sujeito "em fuga de si mesmo". É preciso hoje um amor que comunga, transcende e une, que motiva o sujeito a se entender para, daí, mergulhar no outro. Lembrando Bauman (2004, p. 24), "amar é contribuir para o mundo, cada contribuição sendo traço vivo do eu que ama".

Para responder sobre o amor, ou sobre o que se imagina que ele seja, ou mesmo em como dele e nele existir, Renato construiu uma miscelânea a partir de transcrições diretas de alguns outros textos já consagrados. O cancionista inseriu, tal como no original, versos inteiros de Camões e da Bíblia Sagrada para compor sua "Monte Castelo", que seria mais uma tentativa de responder, diante da descrença. Ainda assim, o reconhecimento desse ato cabe ao leitor, que é quem recebe a letra e possui as referências culturais para reconhecer no texto final as citações e referências feitas. Desse jeito, "isto equivale a dizer, em outros termos: estilização, paráfrase e paródia e a apropriação são recursos percebidos por um leitor mais informado. É preciso um repertório ou memória cultural e literária para decodificar os textos superpostos".

Segundo Affonso Romano, Renato recorre a estas fontes consagradas, o que facilita a sensação de reconhecimento (senão o reconhecimento imediato) por parte do leitor, também pela forma como os versos são organizados:

> Enquanto, na paráfrase e na paródia, podem-se localizar, respectivamente, um pró-estilo e um contra-estilo, na apropriação o autor não 'escreve', apenas articula, agrupa, faz bricolagem do texto alheio. Ele não escreve, ele transcreve, colocando os significados de cabeça para baixo. A

> transcrição parcial é uma paráfrase. A transcrição total, sem qualquer referência, é um plágio. Já o artista da apropriação contesta, inclusive, o conceito de propriedade dos textos e objetos. Desvincula-se um texto-objeto de seus sujeitos anteriores, sujeitando-o a uma nova leitura. Se o autor da paródia é um estilizador desrespeitoso, o da apropriação é o parodiador que chegou ao seu paroxismo. (SANT'ANNA, 2003, p. 46)

A letra apresenta uma superposição de versos sobre o amor em suas contradições e como sentimento mágico. São versos redesenhados por Renato a partir da Primeira Epístola, de São Paulo à Igreja em Corinto – ou I Coríntios, que também pode ter sido a segunda carta do apóstolo aos cristãos daquela cidade (é nesta carta que é encontrada a famosa passagem sobre a importância do amor genuíno, no capítulo 13; e também sobre dons espirituais, no capítulo 12. Por isso, I Coríntios é considerada uma das epístolas mais poéticas do "Apóstolo dos Gentios", como Paulo de Tarso chegou a ser chamado), e do soneto de Luís Vaz de Camões (1524-1580) de número 11 – parte do livro "Rimas", no qual figuravam diversos sonetos ao estilo italiano de Petrarca e que foi publicado postumamente, em 1595:

> Amor é um fogo que arde sem se ver,
> é ferida que dói, e não se sente;
> é um contentamento descontente,
> é dor que desatina sem doer.
>
> É um não querer mais que bem querer;
> é um andar solitário entre a gente;
> é nunca contentar se de contente;
> é um cuidar que ganha em se perder.

É querer estar preso por vontade;
é servir a quem vence, o vencedor;
é ter com quem nos mata, lealdade.

Mas como causar pode seu favor
nos corações humanos amizade,
se tão contrário a si é o mesmo Amor?

O cancionista reutiliza Camões quase na íntegra em sua composição, retirando apenas os versos "Mas como causar pode seu favor / nos corações humanos amizade", e essa quebra na sequência do soneto com inserções bíblicas dá novo sentido ao amor camoniano. Apontando essa mistura de referências para a sua letra, Renato Russo ousa ainda com os versículos de Paulo, intercalando-os entre os versos de Camões. É possível ver claramente o uso dos versículos 1, 4 e 12 da Primeira Carta de Paulo aos Coríntios:

> 1 Ainda que eu falasse as línguas dos homens e dos anjos, e não tivesse amor, seria como o metal que soa ou como o sino que tine.
> 4 O amor é sofredor, é benigno; o amor não é invejoso; o amor não trata com leviandade, não se ensoberbece.
> 12 Porque agora vemos por espelho em enigma, mas então veremos face a face; agora conheço em parte, mas então conhecerei como também sou conhecido.

O autor ainda revela no encarte mais uma fonte, de maneira provocativa:

> "Monte Castelo" é como está creditado e deve ter alguma coisa do Tao-Te-King (O livro do caminho perfeito) de Lao-Tsé (da China antiga) em algum lugar. Não vá pensar que

fizemos tudo isso sem ajuda. Alguns erros são de propósito, outros não. Kyrie Eleison. Christe Eleison. Pie Jesus, qui tollis peccat a mundi dona eis requiem. EXISTEM CANÇÕES. (grifo do autor)

Com uma biografia cercada de mitos, Lao-Tsé, o autor dos 81 versos do livro "fonte", teria dedicado a vida a pregar a bondade, a serenidade e o respeito como lemas da conduta humana que o seguia, ainda assim norteada pela consciência e pelo instinto: "Portanto / o imanifesto e o manifesto consurgem / o fácil e o difícil confluem / o longo e o curto condizem / o alto e o baixo convergem / o som e a voz concordam / o anverso e o reverso coincidem". Diz-se que Tsé morreu desiludido com a humanidade e viveu seus últimos dias no Tibete.

Após começar por uma ironia explícita e displicente, o autor apela para o latim, aqui traduzido: "Pio Jesus, que arrancas do mundo os pecados, dá-lhes o descanso". Frase antecedida por expressões em grego bizantino (Κύριε ἐλέησον, Χριστὲ ἐλέησον), que significam: "Senhor, tende piedade" e "Cristo, tende piedade". *Kyrie* é o vocativo da palavra grega κύριος (tradução: kyrios, "Senhor"), traduzido livremente como "ó, Senhor", enquanto *eleison* (ελεησον) é o imperativo aoristo do verbo *eleéo* (ελεεω; "ter piedade", "compadecer-se"). A origem é o salmo penitencial 51 (50 na versão LXX), usado como começo de uma antiga oração cristã repetida nas liturgias de denominações católicas, luteranas, ortodoxas e anglicanas: "Κύριε ἐλέησον, Χριστὲ ἐλέησον, Κύριε ἐλέησον. (Kyrie eleison; Christe eleison; Kyrie eleison) – "Senhor, tende piedade (de nós); Cristo, tende piedade (de nós); Senhor, tende piedade (de nós)". Quando o leitor avança pelos caminhos sagrados anunciados pelo autor como simples frases de conclusão, pode observar que Renato Russo não repete a referência a Camões e ao Coríntios bíblico como partes de "Monte Castelo", por serem facilmente verificáveis em seus versos, pois já falara delas em nota breve, mas também por serem óbvios apenas para os conhecedores dos originais. A frase que revela o enigma é a que fala sobre erros propositais.

Há ainda que se mencionar a escolha do título desta canção – "é como está creditado" (o que consta da nota explicativa acima transcrita) –, que pode ser uma referência à batalha de Monte Castelo, cuja participação do Brasil foi decisiva. Essa batalha foi travada ao final da Segunda Guerra Mundial, entre as tropas aliadas e as forças do exército alemão, que tentava conter o seu avanço no norte da Itália e contou com a presença da Força Expedicionária Brasileira (FEB) no conflito. O embate durou três meses, de 24 de novembro de 1944 a 21 de fevereiro de 1945, quando os brasileiros desalojaram os alemães do Monte Castelo, até então impenetrável. A batalha começou de manhã, com o emprego da 1ª Divisão de Infantaria Expedicionária, que enfrentou todo tipo de dificuldades. Com o apoio da artilharia aliada, os "pracinhas" cumpriram sua missão. Ao fim da tarde, as forças brasileiras venceram a resistência alemã e hastearam a bandeira do Brasil no alto do Monte Castelo. Em uma letra de canção dedicada à definição do amor como estratégia máxima da condição humana, um título que remete à batalha seria imensamente irônico, como também é irônica a omissão do autor a respeito das fontes explícitas na letra.

Podemos pensar que Renato estava fazendo um questionamento à guerra, intensificado mais tarde em "Perfeição" e que já estavam se insinuando em "A canção do senhor da guerra". Esta última canção chama a atenção por ter sido a única letra inédita, de autoria exclusiva de Renato, incluída no álbum duplo "Música p/ acampamentos", de 1992, e era para ter sido lançada no primeiro disco da banda (1984), sendo engavetada. É uma canção de forte carga irônica que remete diretamente a "Perfeição" e "Índios", outras letras da Legião cujo enfoque é a guerra e a dominação de um povo por outro.

Renato escreve uma letra que fala dos "velhos" comandantes de guerras, que as criam para seu benefício próprio, colocando na berlinda os jovens que são convencidos a cumprir uma missão de fachada, que de fato não é real: "Existe alguém esperando por você / Que vai comprar sua juventude / E convencê-lo a vencer / Mais uma guerra sem razão". A crítica já começa falando da falta de legitimidade desses conflitos, criados com a desculpa de promover empregos, produção e avanço tecnológico, sendo que o preço para isso são "crianças com armas na mão". Juventude e infância ceifadas pela lógica capitalista, alimentando a indústria armamentista e sendo usadas como fantoches de jogos de guerra, atendendo a interesses nada nobres (aqui cabe a reflexão de "Faroeste caboclo", quando João de Santo Cristo afirma que não protege "general de dez estrelas que fica atrás da mesa com o cu na mão").

Renato faz a crítica às falsas causas e à suposta nobreza das guerras, que fazem uso da inocência ao venderem uniformes, e da questão religiosa como emblemas de uma causa para a qual se voltar e morrer: "Veja que uniforme lindo fizemos pra você/ E lembre-se sempre que Deus está do lado de quem vai vencer". A partir daqui, o último verso desta letra se repete seis vezes, encerrando a canção: "O senhor da guerra não gosta de crianças". Em nome de Deus, promovem-se as maiores atrocidades, como a Guerra Santa, e não há chance de futuro e esperança quando crianças não são queridas por serem inúteis.

Essa desilusão existencial do sujeito que percebe a engrenagem cruel do sistema atinge outra canção. Em "Vinte e nove", temos um Renato recém-internado para tratar seu vício em álcool e drogas. Ciente do que já causou e pronto para pedir perdão, o sujeito que aqui se revela sofre por uma série de perdas causadas por seus atos, recorrendo sempre ao número 29. Isso não foi em vão, já que é uma referência ao retorno de Saturno. Os 29 anos marcam o início de uma nova fase na vida de cada pessoa: "Perdi vinte em vinte e nove amizades / Por conta de uma pedra em minhas mãos / Me embriaguei morrendo vinte e nove vezes /Estou aprendendo a viver sem você / (Já que você não me quer mais)".

Na canção, percebe-se o início e o fechamento de um ciclo. Mais uma vez, o mergulho na tristeza é compensado por um fim reconciliador: o sujeito sobe e desce a montanha de sua existência e convivência consigo mesmo e seus vícios. Neste retorno, o sujeito se olha no espelho e começa a viver a vida dentro da realidade, sem as muletas das drogas que amparam suas relações e os sentimentos que surgem a partir delas. São simbólicos três anos e três meses num navio, metáfora para o período de popularidade e ascensão da banda e também no qual Renato apelou para todo tipo de recurso para conseguir lidar com o sucesso explosivo que arrebatou a Legião Urbana. O símbolo desse trânsito é o navio que vaga sobre as águas, apenas deslizando sobre, sem de fato mergulhar ou tomar ciência da dureza dos dias. Além dessa metáfora, o vestígio da escola judaico-cristã mais uma vez aparece na letra do cancionista, justo no ato de perdoar e pedir perdão como algo positivo e de resgate, na releitura de si mesmo e numa nova aceitação nos meios destruídos pela conduta devastadora do sujeito: "perdi vinte em vinte e nove amizades / por conta de uma pedra em minhas mãos". O perdão cristão restaura e reintegra os amigos, os anjos retornam e livram o sujeito de sua culpa: hóstia sagrada.

Lidar com as pessoas e a realidade das relações é um aspecto presente também em outras composições de Renato, mostrando que a dificuldade de viver em sociedade é um drama coletivo e constante. Em "Vamos fazer um filme", temos um tratado sobre a amizade, talvez um diálogo sobre recomeços e a vida com o sujeito renascido em "Vinte e nove", aliás, com o sujeito que emerge a partir do álbum "As quatro estações".

A voz do sujeito traz traços de juventude, tanto na escolha das palavras quanto das gírias: "O sistema é maus, mas minha turma é legal / Viver é foda, morrer é difícil / Te ver é uma necessidade / Vamos fazer um filme / E hoje em dia, como é que se diz: – Eu te amo?". Na imprecisão das lembranças que nascem com a descoberta de um

3x4, surgem recordações de uma juventude que não adere ao sistema, sempre maior que a turma, na qual o sujeito se insere para resistir aos dias, pois tanto viver quanto morrer são tarefas que exigem muito. A vida é difícil e complexa quando vista a partir da perspectiva da juventude. O filme surge como fuga da realidade, como uma saída possível, e o outro é o emblema deste oásis – é típico da juventude eleger a turma como seu lugar de pertencimento e segurança, e a família ficar em segundo plano. No surgimento dos melhores amigos e primeiros amores, tudo é potencializado e vivido como se não houvesse amanhã. Juventude aqui rebelde, punk, "transviada" e que mergulha de forma mais intensa neste indefinido "eu" em construção. O orgulho de SER, construir-se, o outsider, sujeito outro.

O 3x4 é o agente dessa epifania, traz o sonho, a lembrança e também aponta para um futuro. O sujeito convida o outro – "vamos" – para entrar em outra realidade, para entender como o amor é declarado. Ao misturar a sereia com a fauna incomum e variada – "Sem essa de que: – Estou sozinho. / Somos muito mais que isso / Somos pinguim, somos golfinho / Homem, sereia e beija-flor / Leão, leoa e leão-marinho" –, o sujeito, que também se transforma em "homem", insere-se com o outro na indefinição lúdica da sua espécie, nas possibilidades que a vida traz de ceder à fantasia. Nos versos seguintes, ele afirma que só é possível viver em um musical da década de 1930 e que a beleza da vida está na visão do outro. A entrega final está na repetição dos versos "eu te amo", reafirmação da necessidade de amar, do outro, de ser mais do que cabe em si e na realidade.

Sobrevivência possível no plano da imaginação – "Eu preciso e quero ter carinho / Liberdade e respeito / Chega de opressão / Quero viver a minha vida em paz" –, grito de liberdade, pedido por espaço, numa leitura que invade a esfera de Manfredini Jr. e o ocultamento de sua homossexualidade, a proteção de seus desejos e vontades, que lhe são tão íntimos e ao mesmo tempo tão atacados pela mídia, e a necessidade de entender e mostrar uma imagem de sujeito. E o sujeito só quer paz. Esse sentir na própria carne a exclusão fica claro neste trecho da entrevista de Russo ao jornalista José Augusto Lemos, para a revista "Bizz" em 1990:

> Eu queria ter uma banda. Consegui ter uma banda. Eu queria ter dinheiro. Consegui ter dinheiro. Tenho meus amigos. Mas sempre tinha uma coisa me espezinhando e eu sabia o que era. É muito difícil viver numa sociedade onde você é um pária. Só para colocar um paralelo, imagina que o mundo é homossexual e você é hétero. Então [...] você é doente.

Arquitetônica da despedida

Ser homossexual em uma sociedade heteronormativa, principalmente na década de 1980, com a Aids, na crença popular, ligada quase que exclusivamente ao universo gay, era ser um pária. A existência de um sujeito neste contexto o condicionava ao silêncio e à invisibilidade, também para sua própria proteção diante da desinformação e do pânico que cercava este diagnóstico. Este sujeito estava machucado e cansado. Precisava apenas de um lugar em que toda a sua luta e perseverança fossem cuidadas.

Chris Fuscaldo faz um relato detalhado de uma das raras parcerias de Renato Russo que surge justamente nesta fase de sua trajetória. Houve uma canção, "Celeste", gravada em 1993, quando Marisa Monte estava fazendo a pré-produção de seu CD "Verde anil amarelo cor de rosa e carvão", que seria gravado nos Estados Unidos. Houve uma parceria entre os dois e Renato havia preparado parte da música, na qual Marisa adicionou ideias e saiu do estúdio com uma demo para mostrar aos seus músicos. No entanto, ela acabou não gravando e Renato a incluiu no álbum "A tempestade" sob o nome "Soul Parsifal", com alterações na letra. Na versão produzida para "Duetos", que prioriza o primeiro texto, após a música se segue um trechinho da gravação original, que mostra o milagre feito para transformar o material preservado em algo com qualidade para constar de um álbum. O responsável pelo resgate foi Carlos Trilha, cujo relato deste evento trazemos a seguir:

> Marisa um dia me ligou dizendo que o Fróes a convidou para retomar a parceria, mas ela não queria gravar um

> dueto falso. Perguntou se eu conseguiria usar o dueto da demo, extraindo só as vozes e fazendo um novo arranjo. O que tinha ali era uma programação para a base da música que eu e Renato fizemos em 15 minutos, antes de Marisa chegar no estúdio para gravar. Precisei estudar um novo software japonês, cheguei a ligar para um professor de física, trabalhei uns trinta dias nisso, e consegui. Chamei Marisa, ela ficou feliz que deu certo e produzimos juntos a gravação dos instrumentos aproveitando a ideia de arranjo que nós três tínhamos tido quando fizemos a demo.

Renato alterou a letra de "Celeste" para sua versão "Soul Parsifal" na fase em que estava debilitado, conforme relata Trilha: "'Celeste' é bem mais solar, positiva. 'Soul Parsifal', não. A primeira frase, 'Vê que meu sorriso é verdadeiro', mudou para 'Ninguém vai me dizer o que sentir'. E por aí vai", diz Trilha. Enquanto em "Celeste" eles cantam "porque foi calma a tempestade / E tua lembrança, a minha estrela / Vê que o meu sorriso é verdadeiro / Meu coração está desperto / É sereno nosso amor e santo este lugar", em "Soul Parsifal" Renato entoa "Estive cansado / Meu orgulho me deixou cansado / Meu egoísmo me deixou cansado / Minha vaidade me deixou cansado / Não falo pelos outros / Só falo por mim". As duas faixas foram registradas como artigos diferentes na editora EMI Music Publishing.

Tal mensagem fica evidente nas letras e manifesta-se de maneira muito clara em "Soul Parsifal". Trata-se de uma citação clara ao cavaleiro Parsifal, da Távola Redonda, que dedicou a vida à busca do Santo Graal, e mostra um sujeito que avalia as ações e caminhos que seguiu durante a sua jornada. Mais uma vez nesta proposta de revisitar a vida, o sujeito aponta os elementos que marcam o seu presente: entre ervas e chás, há flores e anis, hortelã, amor e uma canção. Falando da jornada de Parsifal e da sua própria, o sujeito acena com um apelo ao sagrado: "Eu tenho um segredo e uma oração / Vê que a minha força é quase santa / Como foi santo o meu penar". Tal como o cavaleiro, a busca se justifica na fé. O passar do tempo foi acompanhado por elementos próximos ao Graal – "oração", força "santa" e "santo" penar – e coroado pela recompensa: um anjo.

A referência direta se aplica ao filho de Renato, Giuliano Manfredini, acompanhado da lembrança da irmã, Carmem, encerrando a canção com uma declaração mais uma vez confessional, um registro mesmo da despedida do cancionista: "Ninguém vai me dizer o que sentir / Tenho jasmim, tenho hortelã / Eu tenho um anjo, eu tenho uma irmã / Com a saudade teci uma prece / E preparei erva-cidreira no café da manhã / Ninguém vai me dizer o que sentir / Eu, eu vou cantar uma canção 'pra' mim". Ao voltar-se para o eu no último verso, o sujeito mostra a serenidade pelo encontro consigo, quase uma prece: são versos de conciliação. Quase fim. Do álbum "A tempestade", essa letra fala de um lugar santo em que o sujeito está protegido, seu amor está protegido, depois de uma longa jornada. Junto ao Graal, o vocábulo "santo" se repete, destacando este estado de graça que cerca o sujeito e as coisas depois de muito penar. Na ópera de Wagner, de mesmo nome, é narrada esta jornada santa e o maestro levou 25 anos para entregar sua obra, composta por três atos, sendo a última que ele concluiu. Coincidências da arte, ou não, neste álbum Renato sela sua jornada musical.

O mesmo estado de despedida ressurge em "1º de julho", última canção de autoria exclusiva de Renato deste álbum e presente para a amiga Cássia Eller, então grávida de seu filho, Francisco Eller, o Chicão. O sujeito feminino domina os versos dessa canção, algo pouco comum em suas composições. A identidade do gênero é explícita: "Sou fera, sou bicho, sou anjo e sou mulher / Sou minha mãe e minha filha, / Minha irmã, minha menina / Mas sou minha, só minha e não de quem quiser / Sou Deus, tua deusa, meu amor", e o léxico que consolida esse sujeito feminino é significativo: "fera", "bicho", "anjo", "mulher", "Deus" e "deusa".

Novamente há a associação da feminilidade com força e leveza, trazendo também uma consciência de divindade a este eu-lírico mulher, longe da noção da mulher burguesa do século XIX e meados do XX, leitora de livros açucarados e praticante da boa conduta social. A mulher que tem voz nesta canção sabe que é dona de si e descreve suas ações como quem não precisa de outra pessoa por perto: "sou minha, só minha e não de quem quiser". Ela rege os fatos e determina a quem dedica seu afeto: "Eu vejo que aprendi / O quanto te ensinei / E nos teus braços que ele vai saber / Não há por que voltar".

O que chama atenção nesta letra é o mesmo tom conciliador presente nas demais composições de Renato, que na escolha de um estilo blues escreve uma carta de perdão, com a senha para a reconciliação materializada na vinda de um fruto: "Alguma coisa aconteceu / Do ventre nasce um novo coração / Vamos descobrir o mundo juntos, baby / Quero aprender com o teu pequeno grande coração". A realização das relações humanas a partir da vinda de um anjo conciliador, um elemento já explorado por Renato na canção em que cita Giuliano e a irmã Carmem ("Soul Parsifal"), num tom que encanta a vida a um novo instante, cheio de sentidos que impedem os abusos do passado. Há um fôlego novo e maturidade, causados pela chegada de uma vida. Uma bela despedida, pois, perdendo a luta contra o HIV, após este álbum, Renato morreu.

O próximo álbum da banda, "Uma outra estação", foi lançado em 1997 e nele estão os tais registros que deveriam ter composto o álbum duplo "A tempestade ou O livro dos dias", que só teve 15 canções. Uma delas é a polêmica "Dado viciado", nunca lançada por medo de uma eventual confusão do personagem com o membro da banda Dado Villa-Lobos e censurada em 28 de março de 1984 pelo Departamento de Censura e Diversões Públicas, do Ministério da Justiça, por "tema e estrutura inadequados à divulgação". É uma canção-retrato de um viciado e já fazia parte do repertório da banda nos shows, sempre com Renato declarando abertamente que aquele não seria um retrato do Dado da Legião.

Persona e personagem não se misturam (ou tudo não passa de uma provocação?), mas a denúncia vai além da identificação, pois o jovem que cai diante da seringa se parece com muitos outros: "Porque você deixou suas veias fecharem / Não tem mais lugar pras agulhas entrarem / Você não conversa, não quer mais falar / Só tem as agulhas pra lhe ajudar". Esse retrato decadente do jovem Dado surge com o conjunto de reações do corpo ao uso constante das drogas, no caso, a heroína e sua aplicação por injeção intravenosa. As tais reações se justificam pela rapidez da ação da droga no organismo, em apenas sete a oito segundos, enquanto a injeção intramuscular causa a sensação mais lentamente, algo entre cinco e oito minutos.

A droga pode também ser inalada ou fumada, mas seu efeito é retardado, levando de dez a 15 minutos para agir no sistema nervoso. Assim, o indivíduo que se torna dependente perde tudo, do corpo à consciência de estar no mundo (talvez objetivo motivador do uso): "Cadê o bronze no corpo / Os olhos azuis / O seu corpo tem marcas / De sangue e pus". Marcado pelas picadas e sombra do que já foi, Dado é o personagem triste dessa sina de mergulho nas drogas. Tão triste por ter sido também vivido na pele por Renato.

Outra canção desse álbum é "Marcianos invadem a terra", também gravada por Dinho Ouro Preto, da banda Capital Inicial, e nela há um mix de referências. Uma delas remete à famosa transmissão radiofônica, de 1938, em que Orson Welles leu "Guerra dos mundos" (romance de H. G. Wells, de 1898) pelo rádio, e muitos que ouviram acharam que havia uma invasão alienígena realmente em curso. Essa narrativa relata a queda de meteoros e marcianos invadindo a Terra para exterminar a humanidade. Na canção, o sujeito parece estar em conflito com o cotidiano e impaciente diante das intervenções dos outros sobre sua arte: "Cuidado com a coisa coisando por aí / A coisa coisa sempre, também coisa por aqui / Sequestram o seu resgate / Envenenam sua atenção / É verbo e substantivo, adjetivo e palavrão // E o carinha do rádio não quer calar a boca / E quer o meu dinheiro / E as minhas opiniões / Ora, se você quiser se divertir / Invente suas próprias canções".

A "coisa" é tanto verbo ("coisando") quanto substantivo ("a coisa"), adjetivo ("a coisa coisa") e pode também ser um palavrão. O sujeito ressignifica "coisa", brinca com o poder da palavra, numa ironia que mostra seu cansaço diante da expectativa do outro. A solução é Marte: "Será que existe vida em Marte? / Janelas de hotéis, garagens vazias / Fronteiras, granadas, lençóis // Existem muitos formatos / Que só têm verniz / E não têm invenção / E tudo aquilo contra os que sempre lutam / É exatamente tudo aquilo que eles são". Sem dar nome, o sujeito critica a falta de criatividade em "formatos envernizados", e se alimenta do vazio, percebendo então a cilada, que está preso nesse jogo: "E mesmo se eu tiver a minha liberdade / Será que existe vida em Marte?". Consciente da armadilha das gravadoras e do mercado ao limitar o sujeito criativo e exigir dele sempre uma nova onda de sucessos, o sujeito está irritado e pensa em fugir, pois mesmo livre não consegue existir.

Nesse álbum está também o "Sagrado coração", título e referência direta a uma herança judaico-cristã de forte presença nas composições de Renato. A letra consta do encarte do álbum, mas não foi gravada por Renato Russo, pois não houve tempo. O tema dessa canção tem estreito laço com o título, pois remete à religiosidade e à falta de capacidade do sujeito em assimilar o que lhe é dito: "Sei que tenho um coração / Mas é difícil de explicar / De falar de bondade e gratidão / E estas coisas que ninguém gosta de falar".

Há um duelo entre a negação e a tentativa. O sujeito nesta letra vive o conflito decorrente de não conseguir chegar e entrar nesse lugar onde finalmente teria repouso. Só quem vê a face da morte consegue sentir a angústia desse sujeito. Não acreditar faz com que ele questione o que lhe foi dito, quando o que ele gostaria era de crer. Sem revelar as origens do discurso sobre esse lugar elevado, a terceira pessoa do plural, "falam", confirma que não é apenas uma fonte que prega, mas várias, e ainda assim o sujeito continua: "E me disseram! /

Este lugar pode estar sempre ao seu lado / E a alegria dentro de você / Porque sua vida é luz // E quando vi seus olhos / E a alegria no seu corpo / E o sorriso nos seus lábios / Eu quase acreditei / Mas é tão difícil". O verbo "disseram" reforça mais uma vez o discurso como coletivo, carregado de esperança e de respostas, comprovado pelos traços de "alegria" e "sorriso" percebidos no corpo do outro, mas ainda assim "difícil" de ser aceito diante da força da dor.

Como quem pede desculpas por não encontrar o mesmo que o outro oferece, o sujeito dessa canção termina sua confissão rogando pela prece alheia, vencido pela necessidade dessa paz que não lhe pertence: "Por isso lhe peço por favor / Pense em mim, ore por mim / E me diga: / – Este lugar distante está dentro de você. / E me diga que nossa vida é luz / Me fale do sagrado coração / Porque eu preciso de ajuda". Ainda que não seja capaz de ter fé, o sujeito entrega-se à promessa, pede que o outro "ore" por ele, termo que reforça o tom religioso desse pedido. Assumindo sua fraqueza e pedindo ajuda, o sujeito quer ouvir falar do sagrado coração como um elixir de serenidade. Confessional e em tom de despedida, temos a última letra de autoria exclusiva de Renato lançada com seu aval e ainda com o artista vivo.

Se não fossem os álbuns posteriores e comemorativos que apresentaram outras facetas até então ocultas do cancionista, estas seriam as últimas letras, cantadas ou não por Renato, de que se teria notícia. O álbum "Presente" foi lançado sete anos após sua morte, pela EMI, com achados inéditos nos arquivos de Renato Russo. O disco foi concebido pela gravadora para o aniversário de nascimento de Renato e, por isso, ganhou o nome de "Presente". O principal sucesso foi "Mais uma vez", composição de Renato Russo em parceria com Flavio Venturini. Mas o disco ainda traz as canções "Hoje" (dueto com a cantora Leila Pinheiro), a demo de "Boomerang blues" e "Thunder road" (cover de Bruce Springsteen) – além de músicas que já tinham saído antes, como "A cruz e a espada" (com Paulo Ricardo), "A carta" (com Erasmo Carlos), "Quando eu estiver cantando" – composta por

Cazuza, com citação de "Endless love", ao vivo no show Viva Cazuza, realizado em outubro de 1990 – e "Gente humilde" (com o violonista Hélio Delmiro), além de uma edição das canções "Cathedral song" e "Catedral" (versão em português, da obra de Tanita Tikaram, gravada por Zélia Duncan). Finalizando o disco, foram utilizados trechos de entrevistas concedidas por Renato Russo ao produtor do álbum, Marcelo Fróes.

Deste álbum, "Boomerang blues" está presente aqui por ser de autoria exclusiva de Renato. Até então inédita, ela carrega o caráter filosófico que reforça a crença do cancionista no misticismo e na lei do retorno em seus projetos. É a canção sobre uma relação abusiva em que o outro trouxe o "mal", problemas, usou o sujeito, deixando a marca desta traição como queimadura. Na lógica da lei do retorno, agora o outro vai sofrer, tal como João de Santo Cristo, "as consequências como um cão". O tom de resiliência e do término dessa relação sela a letra, mais um blues de despedida (lembrando a letra que Renato escreveu para Cássia Eller).

A referência usual ao sangue agora determina o outro como "ruim", um coração cheio de "sangue ruim", que atraiu para sua "teia" um sujeito que se prendeu. Nesta metáfora do acidente que aprisiona a vítima na armadilha, o algoz passa a ser o alvo dos "aborígenes da Austrália" (mais uma vez Renato e suas referências nada usuais), revertendo o processo: "E não me venha com problemas / Sinta sozinho o seu mal / Porque tentar tentei demais / E você só me usou / Eu tentava ajudar / E você só me queimou". A partir daqui ele percebe o erro e declara: "Mas é errando que se aprende / Minha boa vontade se esgotou / Os aborígenes na Austrália / Com o boomerang vão caçar / O boomerang vai e volta / E só fica quando consegue acertar / E eu sou como um boomerang / Quando eu acerto é pra matar".

A seleção do que Renato havia gravado ou as letras que deixou sem registro de voz caminham todas na direção deste sujeito de "Boomerang blues". Desde o protesto da juventude contra o sistema, a política, até os dramas do sofrimento por amores traumáticos e relatos do cotidiano sangrento e opressor das metrópoles, existe o traço comum da estética de não aceitação. Ele deixou também outros materiais que não foram musicados, que conversam com tudo que ele autorizou que fosse feito ou que pelo menos gravou em vida: trata-se de canções de autoria exclusiva de Renato que não foram lançadas com ele ainda vivo nem passaram pelo seu crivo quando da preparação da melodia e da interpretação – são letras que estavam sob posse de terceiros e este material é diverso, sendo musicado sem a participação de Dado ou Bonfá. "Mariane 2", "Apóstolo de São João", "Vício moderno" e "Medieval" são letras que vieram ao conhecimento público após a sua morte, e é importante ter isto em mente ao analisarmos seu conteúdo e a maneira como foram finalizadas.

A primeira versão de Mariane consta de "Uma outra estação" e foi escrita em inglês. É o retrato de um sujeito que está pensando no outro, refletindo sobre uma história, longamente: "I've been thinking a lot", o tempo já passou, o fim aconteceu, a distância se estabeleceu. Mariane 2 seria a canção complementar desta primeira, com um teor menos reflexivo e mais literal, questionando a personagem acerca de problemas reais e diretos na relação dos dois: "Quem borrou seu batom? / Quem dormiu no sofá? / Quem me deixou tão triste? / Não quero mais vê-la voltar / Quem não quis entender? / Quem me traiu e eu sem saber / Quem foi meu grande amor? / Quem só me traz paz e dor? / E eu não vou mudar / Quarto trancado escrevendo / Acrilic on canvas pra você". É o sujeito que não entende o espaço alheio e cobra respostas sobre uma vida em que ele não está, ocupando um espaço de cobrança e tristeza, ao revelar que escreveu a letra da canção "Acrilic on canvas" para Mariane: "É saudade então / E mais uma vez / De você fiz o desenho mais perfeito que se fez / Os traços copiei do que não aconteceu. / As cores que escolhi, entre as tintas que inventei / Misturei com a promessa que nós dois nunca fizemos / De um dia sermos três".

A mensagem que fica é que chegou a haver esperanças por parte de um dos envolvidos nesta relação. Renato usa os mesmos recursos de apelo e clamor que já usou em outras canções de teor romântico, com a revelação de um sujeito que sofre diante de um amor não correspondido. Esta atitude medieval e platônica tem os traços da primeira fase do Romantismo como escola literária, na qual o amor dedicado não é correspondido. Há então o entendimento desta ferida que não pode ser fechada. E o fato de três letras existirem para dar conta da existência dos sentimentos vividos com Mariane mostra a importância desta personagem para a constituição do eu deste indivíduo que narra sua dor: "Você não disse nada / Mariane Mariane / E nem precisava dizer / Mariane Mariane / Espero que tua filha esteja bem / Mariane Mariane / Meu filho graças a Deus está bem também". Neste instante final da letra, há a reconciliação no tempo, pois ambos tiveram seus filhos e se distanciaram daquele primeiro momento em que viveram um amor impossível. É claro neste instante que o sujeito resignado aceita mais uma vez o seu caminho.

Ao escrever canções em trilogia dedicadas a esses sentimentos presentes no nome Mariane, o cancionista oferece um tratado sobre a liquidez do amor, a falha de entendimento e acerto entre as partes, mostrando a angústia existencial que faz refletir sobre si, o outro e a verdade. Quando se vê diante da fantasia que construiu, o sujeito começa a diminuir a culpa que atribuiu ao outro e encontra a serenidade. A análise que se tem do conjunto das canções é de que a iluminação ocorre após a meditação, tal como Buda. Chega-se a um ponto mais isento e fiel às possibilidades reais de uma relação, que é vivida a dois, os quais vivem todos os seus percalços.

A sensação de anestesia por conta do choque com a realidade ou mesmo com o entendimento do mundano domina as demais letras de Renato que não haviam sido ainda musicadas. O que interessa ver aqui é o desarranjo, expresso nas letras, trazido pelo cotidiano. Em "Apóstolo de São João", há a confusão do indivíduo na luta entre livros sagrados, ausência e verdade: "Hey / O que é que é isso? / O que eu faço aqui? / Me lembro dos meus sonhos / E ainda não dormi / Números, Romanos, Atos e Juízes / Êxodo e Provérbios / Números, Romanos, Atos e Juízes / Êxodo e Provérbios / E o Apocalipse do Apóstolo São João".

Há cinco livros do apóstolo João na Bíblia, e seus evangelhos guardam informações que não constam nos livros de Mateus, Marcos e Lucas, por exemplo. Seria então aquele que viu mais, relatou mais e trouxe também o apocalipse. Esta visão privilegiada que João simboliza ao ter mais textos bíblicos e relatos que os outros também o coloca no lugar daquele que inicia e encerra o grande relato bíblico, pois que João 1 traz o famoso verbete: "No princípio era o Verbo, e o Verbo estava com Deus, e o Verbo era Deus", e o livro que encerra a Bíblia é também seu.

Voltando mais uma vez para a figura de Sísifo, o sujeito que, quando sobe e desce a montanha carregando seu fardo compreende além, a canção "Apóstolo de São João" traz esse indivíduo que, tendo em mente essa visão de plenitude, assiste aos conflitos como espectador: "Teve tiroteio / Me disseram, eu não vi / Eu estava desligado / E não dá pra prevenir". Nesta aceitação não há intenção de ferir, e o dia da criança confirma a paz. A presença dos termos "tiroteio" e "fugitivo" traz uma narrativa paralela e de terror que não atinge o sujeito, que convida o outro para sua mansão e espera que os convidados gostem dos seus aposentos. É o alheio, é a mesma sociedade que assistiu pela TV o ajuste de contas entre João de Santo Cristo e Jeremias, de "Faroeste caboclo". É a mesma sociedade que vive a religiosidade na Igreja, mas não na vida prática. Temos a crítica refinada de Renato mais uma vez em ação.

Nas demais letras, as duas que estavam sob a posse de Kadu Lambach, o Eduardo Paraná, não datadas, mas criadas ainda em meados da década de 1980, período de convivência dos dois, aparecem dois traços da estética de Renato: as referências ao sagrado de origem judaico-cristã e a crueza do cotidiano, da metrópole. Sujeito urbano que foi, o cancionista segue na sua tendência à melancolia, como bom trovador moderno. Aliás, a oposição entre antigo e novo, clássico e moderno, é o tema para a canção "Medieval": "Anjo Deus com uma espada entre as pernas / Diabo Rei em gravuras quase eternas / As lendas não passam mais de boca em boca / Se tiver sorte é por computador / Ou então a lenda termina / E começa o reinado do terror".

O falo metalizado surge no corpo de um anjo Deus (pensemos aqui em Lúcifer pela virilidade expressa e o uso seguinte de "diabo Rei"). Renato fala de uma crença que morre diante da tecnologia, da perda das tradições e das lendas. Esse desencantamento, da perda mesmo do encanto da fábula, é confirmado pelos versos finais desta letra: "Tem madeira com cheiro de vômito / Tem vinho com gosto de mel / Purgatório é escala antiga / Meio a meio, a caminho do céu aeroporto". O retrato decadente do vinho doce demais e do ambiente contaminado pelo vômito, pela estranheza do que vem das entranhas, expõe um novo patamar para o caos que agora é aqui. Purgatório ressignificado, o aeroporto é o lugar que aproxima do céu, literalmente, ou também leva para casa ou, justamente, afasta o sujeito dela.

Nesta desconstrução de imagens de sonho e esperança, mais do que a tecnologia nos traz, vem em "Vício moderno", que não poderia ser mais literal: "Anúncios de cigarro na televisão todo dia / Depois reclamam quando a gente se vicia / Campanha anti-câncer / Uma fila no Inamps / Fumaça nos olhos / Nicotina no coração / Vício moderno / Não é bagulho não é cocaína / Vício moderno / Não é bebida não é heroína / Vício moderno / Aaaarrgh! Preciso de um cigarro". A letra está toda aí neste emaranhado de falas debochadas sobre como na verdade o vício está sendo disseminado a todo instante, como este sujeito que assiste à televisão convivia (no caso, este tipo de propaganda foi proibida tempos depois) com as duas frentes:

o caubói maravilhoso da Marlboro, em contraponto com seu pulmão apodrecido, e a tosse do ator que interpretava o sujeito vitimado por este mesmo cigarro. Cruel pensar na maldade da propaganda e em como as drogas legais são toleradas num consumo dito “social”. O cigarro nesta letra se apresenta como um vício moderno pior que maconha, cocaína, bebida ou heroína, pois está presente e, antes de ser fortemente combatido (ainda que não eliminado), fazia parte da vida comum.

Até aqui vimos as letras de Renato que foram compostas e creditadas apenas com seu nome. No entanto, este indivíduo que atravessa todas as canções analisadas é fluido. É possível ver claramente o flerte entre sonho e realidade, amor e vingança, ódio e perdão, uma estética que permite identificar na escrita de Renato um projeto artístico de começo, meio e fim. Não há nada mais judaico-cristão que o pensamento de redenção pela fé, pela crença em si e no outro, mas há um problema: há tempos o sujeito está em busca, é ânsia, e isto não foi resolvido ainda nem por Renato nem por nenhum dos sujeitos sensíveis que ousam ser cancionistas ou poetas neste mundo cão.

Quinta Parte

Gran finale

Foi o fim: 'Apenas imaginação?'

Renato Russo faleceu à 1h15 do dia 11 de outubro de 1996, em decorrência de problemas infecciosos pulmonares. Seu corpo será cremado conforme seu desejo, assim como, também a seu pedido, não haverá cerimônia de velório. A Legião Urbana, consternada, agradece desde já todas as manifestações de carinho.

Nota de falecimento

Dado, Bonfá e Rafael Borges.

O legado da Legião permanece, e a imersão no universo de Renato Russo também. Em pleno século XXI, a saga iniciada pela banda é revista e repensada nos cinemas com um documentário produzido por Marcus Ligocki e dirigido por Vladimir Carvalho, "Rock Brasília – Era de ouro"; com um filme que conta a história do surgimento da banda na cidade de Brasília, "Somos tão jovens", de Antonio Carlos da Fontoura; e com a filmagem de uma adaptação da canção "Faroeste caboclo" para as telas, batizada com o mesmo nome, e dirigida por René Sampaio, que também está à frente de uma adaptação para os cinemas de "Eduardo e Mônica". Essa movimentação ganhou fôlego não só pelas comemorações do que seria o cinquentenário de Renato Russo, mas também pela surpresa de muitos ao ver o quanto o artista ainda é capaz de causar interesse no público e na mídia.

Prova disso está na publicação de um livro com 20 contos baseados nas músicas da Legião Urbana, organizado por Henrique Rodrigues, "Como se não houvesse amanhã", lançado em 2010. Para ele, as canções compostas por Renato Russo tocam o imaginário íntimo das pessoas, com letras que falam da indignação político-social, das relações com os pais e dos caminhos e descaminhos do amor. Em 2010, a EMI-Odeon relançou em vinil e em um box de CDs os oito álbuns de estúdio da Legião Urbana, trazendo, além dos encartes originais, encartes com as histórias dos discos contadas pela jornalista Chris Fuscaldo, textos esses que foram integrar seu livro, "Discobiografia legionária", lançado em 2016. A editora Abril lançou a discografia completa da Legião Urbana, vendida nas bancas no ano de 2011, e enfrentou problemas devido à vendagem maior que o esperado, pois os CDs se esgotaram rapidamente e a tiragem do box que comportaria todos eles, que poderia ser encomendado direto com o jornaleiro, não foi suficiente para atender à demanda. Em 2016, foi lançado outro box, desta vez com os cinco álbuns gravados apenas por Renato Russo, trabalhos solo que a Universal Music batizou como "Renato Russo – Obra completa", composto pelos dois discos solos lançados em vida por Renato, "The Stonewall celebration concert" e "Equilíbrio distante", e mais três coletâneas póstumas: "O último solo", "Presente" e "Duetos".

Essa mesma aura permaneceu nas apresentações de 30 anos da banda, com Dado e Bonfá viajando o país no ano de 2016, contando com o ator e músico André Frateschi no vocal. Também com a publicação de três livros (até o momento) de "autoria" de Renato Russo: o diário de sua internação em 1989 ("Só por hoje e para sempre", de 2015); o caderno em que escreveu a história de uma banda fictícia, a The 42nd Street Band, quando estava acamado por conta da epifisiólise na adolescência, transformado em livro, organizado por Tarso de Melo ("The 42nd St. Band: romance de uma banda imaginária", de 2016); e, em setembro de 2017,

"O livro das listas", que contém seleções de músicas, discos, atores, dentre outras referências, selecionados em um caderno pessoal de Renato.

A última entrevista de Renato Russo foi concedida a Marcelo Fróes, para a revista "International Magazine", em julho de 1996. Nela, quando o jornalista pergunta como Renato está, este responde: "Ah, eu tô complicado. E eu não quero falar sobre isso". E quando questionado sobre o que achava de Chico Science, Carlinhos Brown e Chico César, declara que os artistas precisavam do mesmo de sempre: "união, liberdade do artista poder trabalhar. O artista brasileiro não tem de matar um dragão por dia". Nesse momento, ele revela a difícil relação entre os artistas, as gravadoras e o mercado fonográfico. As pressões que os contratos impõem e ao mesmo tempo o próprio público e fãs, que esperam que a banda continue sempre fiel àquilo que eles acreditam ser o ideal. A pressão da permanência do sucesso e da produção de hits e shows deixa a criatividade sob controle, e estas são palavras que se anulam em significado. Há também, nessa entrevista, a tristeza por não conseguir fazer do disco um álbum duplo porque o país estava passando por mais um momento complicado financeiramente.

Ao pensar a carreira como um todo, Renato declara a Fróes que estava cansado de uma série de coisas, bandas e sons que antes gostava de ouvir. Declara, inclusive, que não vai mais fazer ativismo homossexual, pois acredita que quem precisa de ajuda são os heterossexuais. E declara: "Eu quero que essas pessoas que se preocupam comigo que vão às favas, que elas se preocupem com minha música. Se alguma coisa vai ficar, vai ser a minha música – a nossa música, o nosso trabalho. Então se estou bem ou se estou mal, vá tomar no cu!". E encerra: "Aqui no Brasil, nós somos alegres, mas não somos felizes. Existe toda uma melancolia e uma saudade que a gente herdou dos portugueses e que a gente ainda nem começou a resolver. A gente não sabe o que é esse nosso país". Para uma entrevista final, Renato estava determinado a parecer otimista e sincero, mesmo que não soubesse que aquela seria sua última fala a um jornalista. Ao fazer um levantamento do que importa, a música, ele convida o fã a prestar atenção ao seu legado: sua música.

Arthur Dapieve, jornalista musical e amigo de Renato, no encarte de "Mais do mesmo", define os discos da banda como: "o politizado 'Legião Urbana', o amoroso 'Dois', o irado 'Que país é este 1978/1987', o religioso 'As quatro estações', o sombrio 'V', o reflexivo 'O descobrimento do Brasil', o deprimido 'A tempestade' e o redentor 'Uma outra estação'". Cada álbum emana um discurso, variando da revolta com o sistema político à exploração do íntimo, dos dilemas impostos pelo amor às questões que envolvem a retomada da vida (em plena consciência dos dias, da finitude, da morte). Assim, temos um cancionista que demonstra nas suas letras de canção uma oscilação criativa que, como uma onda, apresenta altos e baixos.

Vai do universal ao particular e do eu para o(s) outro(s), com quem a relação é exercida sempre com um pedido de atenção de um eu fragmentado, repartido, necessitado do tu para sua completude. Para Philippe Lejeune, esse processo seria parte de um pacto autobiográfico, no qual existe uma identificação em três níveis: o narrador fictício identifica-se com o autor, que, por sua vez, se identifica com o personagem principal (autor = narrador = personagem). E isso conversa diretamente com a letra de "Quando o sol bater na janela do seu quarto", do disco "As quatro estações", de 1989: "Tudo é dor / E toda dor vem do desejo / De não sentirmos dor".

Essa quarta faixa do álbum é uma composição esperançosa, que convoca o outro a se juntar e acreditar: "A humanidade é desumana / Mas ainda temos chance / O sol nasce pra todos / Só não sabe quem não quer / Quando o sol bater / Na janela do teu quarto / Lembra e vê / Que o caminho é um só // Até bem pouco tempo atrás / Poderíamos mudar o mundo / Quem roubou nossa coragem?". Quem? Ao levar este apelo como pergunta ao interlocutor, o cancionista provoca a reflexão sobre o que acontece com o sujeito de seu tempo, o que aconteceu com a coletividade e como a descrença enfraqueceu a coragem de todos. É uma fala em nome do coletivo, e mais uma vez a voz messiânica de Renato se ouve ao fundo da canção, como quem fala o que vai no coração alheio. Então a identificação acontece no instante em que a dor de um encontra a do outro em uma só voz. Eis aí a "mágica" da Legião Urbana e mais do caráter messiânico que começou a rondar a figura de Renato Russo, a projeção personagente de Manfredini Jr.

Um exemplo do efeito dessa "presença" pode ser sentida na noite do dia 29 de maio de 2012, quando a MTV Brasil realizou um tributo à Legião Urbana, com mais um show sendo realizado na noite do dia seguinte. Com um público composto de fãs e apreciadores da banda, o que se viu foi novamente no palco Marcelo Bonfá, Dado Villa-Lobos, alguns convidados importantes na história da Legião, como Andy Gill, do grupo Gang of Four, Fernando Catatau, Bi Ribeiro, do Paralamas do Sucesso (responsável pela ida da Legião Urbana, logo no início de tudo, para o Rio de Janeiro), e o ator Wagner Moura, como voz condutora do tributo a Renato Russo. Entre a performance emocionada de Moura e uma plateia absolutamente calorosa, que cantou todas as 25 letras do repertório e impôs um bis com "Será" – quando todas as luzes se apagaram ao final do show e a plateia cantou em uníssono a letra que pergunta "Será só imaginação?"–, o que se viu foi a permanência de uma aura legionária, persistente, comovida. A plateia estava ali e, para ela, independentemente de quem estivesse no palco, sabendo que a voz e a performance de Russo são inalcançáveis, havia o desejo comum de uma catarse coletiva. As letras compostas por Russo demonstraram sua força, uma após a outra, mesmo depois do fim da Legião Urbana, há tantos anos. Presença na ausência.

Um momento em particular revelou o poder desse (re)encontro. Ao entoar "Via Láctea", canção de Renato para o álbum "A tempestade" e tida como sua carta aberta de despedida, Dado Villa-Lobos foi ao chão com sua guitarra e permaneceu alguns minutos sem conseguir tocar. Renato Russo nunca executara essa canção em show algum. Eles não tiveram tempo. Em seguida, Dado se levantou e voltou a tocar. Algo acontecera ali. A ruptura entre o espetáculo e a consciência da vivacidade poética daquela letra cantada reavivaram a memória e por um instante o sentimento foi maior que a responsabilidade da performance. Superada, a dor do reconhecimento de um passado, a troca de emoções com o público (que recitava as canções trazendo de volta a sensação messiânica que envolve a banda), enfim, a comunhão de um mesmo palco mais uma vez por Dado e Bonfá, fizeram dessa noite a coroação de uma trajetória. Mesmo com um cantor amador, a homenagem existiu, e por alguns instantes foi experimentado o elemento aurático de que falara Benjamin, no seu artigo clássico "A obra de arte na era de sua reprodutibilidade técnica", de 1985.

Desta mesma curiosidade sobre Manfredini Jr. e suas origens surgiu o desejo, em 1999, pelas mãos do produtor Luiz Fernando Borges, de realizar um documentário sobre sua vida antes da Legião Urbana. O que era para ser um documentário foi ganhando outra forma e em 2005 nasceu o projeto de um filme, que teria por título "Religião Urbana". Quando já estava entrando em produção, o título passou a ser "Somos tão jovens", pois a família alegou que Renato não seria a favor do uso da palavra religião. Entre as atualizações da produção de Russo para o cinema, em 2013 estreou "Faroeste caboclo", filme dirigido por René Sampaio, com Isis Valverde no papel de Maria Lúcia, Fabrício Boliveira, como João de Santo Cristo, e grande elenco, em bem-sucedida adaptação da letra de canção composta em 1979 e lançada em 1987.

O projeto artístico de Renato Manfredini Jr. se tornou maior que as letras de canção e tudo o que deixou escrito em seus cadernos. Em busca de atingir todos os planos que traçou quando escreveu a trajetória de Eric Russel e a The 42nd Street Band, ele não contava com a falha da carne, que também sucumbiu diante do abuso das drogas lícitas e ilícitas. O enfrentamento da realidade da fama foi maior do que o espírito de Júnior podia abarcar. Ele ainda tinha planos de escrever/realizar a multiplicidade artística que desenhou para Eric, escreveu a peça de teatro que nunca antes havia sido revelada, tinha planos de roteiros para cinema (muitas de suas letras são plenamente encenáveis, e a prova é a adaptação cinematográfica de "Faroeste caboclo" e "Eduardo de Mônica") e queria escrever romances quando se aposentasse da função de rock star. Tudo estava escrito na sua imaginação. Não houve tempo para a execução de tudo o que ele idealizou.

Todos que conviveram com Renato Russo viram claramente a oposição entre a performance artística e o homem entre quatro paredes que entregava suas verdades sem medos ou limites. O que vemos é a persona da persona da persona em looping. No entanto, há muitos biografemas (conceito de Roland Barthes que se configura como a tomada de uma característica, um detalhe, um evento da vida de um sujeito como metonímia para a narração dessa vida) que permitem ver o real em meio ao ideal, as frestas de identidade que não pertencem ao fingimento, mas ao mais próximo do sujeito que se pode chegar. A busca dos fãs é por estes rastros, o acesso aos escritos, ao vestuário, ao apartamento e ao mobiliário.

Renato como persona (eu-lírico, performer, homem público nas entrevistas) foi ícone de um tempo de mudanças radicais para os indivíduos. O fim da ditadura no Brasil trouxe uma nova postura, trouxe a revolta, a palavra que havia sido censurada, os restos da impunidade em seus limites, e logo depois, um estado de inquietação que gerou um olhar para si, colocando o eu acima do pensamento coletivo, a dor interior, pelos amores e familiares perdidos/desaparecidos/apagados, pela existência sem rumos, um abismo sem definições de causa. Aqui, conosco, Carlos Drummond de Andrade, em "O sobrevivente":

> Os homens não melhoram
> e matam-se como percevejos.
> Os percevejos heroicos renascem.
> Inabitável, o mundo é cada vez mais habitado.
> E se os olhos reaprendessem a chorar seria um segundo dilúvio.
>
> (Desconfio que escrevi um poema.)

Drummond, um dos poetas preferidos de Renato Manfredini Jr., assim como Fernando Pessoa, escreve na descrença sobre os homens, e é neste lugar de desilusão e resgate que o sujeito que Renato registra em suas canções tenta se equilibrar. "Mas é claro que o sol vai voltar amanhã", mesmo diante do desânimo e do cansaço, existe a crença. Essa distopia era a fonte para o cancionista construir o discurso de caos e utopia, numa referência que ele mesmo citou algumas vezes em entrevistas ao romance "1984", de George Orwell, arte contemporânea como um todo que se sustenta neste estado "quase terminal", pois que cada vez mais a realidade esmaga a utopia, ou, de outra maneira, a possibilidade de uma leitura artística e sensível do mundo, cada vez mais doente e duro.

Nesta tentativa de colocar o sujeito em um ponto de vista que mostre uma saída lúdica para o mundo caótico que despeja imagens e apocalipse nos noticiários e redes sociais, Christopher Lasch dialoga não apenas com Manfredini Jr., mas William Burroughs, o beatnik, a quem cito: "as próprias palavras e imagens são drogas, por meio das quais poderes invisíveis controlam uma população de viciados em imagens". Notemos que tudo isso foi escrito por ambos sem que existisse a autopromoção midiática via Facebook, Instagram, Snapchat, Twitter, Happn, Tinder, entre outros. O sujeito que se constrói a partir de boas fotos e longas edições de imagem já era captado em sua fantasmagoria no livro de Lasch "O mínimo eu".

Quando pensamos a partir deste contexto de uma sociedade avatar, em que o real vai sendo substituído pela vida online, representada de maneira fantasiosa e entorpecida, caminhamos em direção a George Orwell e Ray Bradbury com "1984" e "Fahrenheit 451", que são romances de ficção científica em que o futuro da humanidade existiria cerceado por câmeras e controle de livros. Nesta mesma área lembramos da canção-protesto de Renato Russo, "Geração Coca-Cola", que alertava sobre consumo e programação de vidas por meio das influências norte-americanas e do capitalismo desenfreado.

Considerar a letra que dialoga com os movimentos sociais e culturais de seu tempo, como parte do esforço de um pensador em entender a modernidade e como os sujeitos nela existem e se representam, já não é mais tópico para ser questionado. Para Renato, melodia e letra nasciam juntas, separadas, em ordens distintas, conforme relatado por seus biógrafos, Carlos Marcelo e Arthur Dapieve, com processos diferentes a cada composição, como registrado na entrevista concedida por Renato a Luiz Carlos Mansur, do Caderno Ideias, do "Jornal do Brasil", de 23 de janeiro de 1988: "Eu acho que, se há duas partes, letra e música, elas devem poder se impor isoladamente". Cada parte tem seu próprio poder de expressão numa geração assombrada pelo fantasma do "nada" presente a partir dos anos de 1970.

Renato, como cancionista, expressou seu assombro diante da liquidez cada vez mais presente nas relações humanas, começando pelo conflito entre frieza e condescendência da sociedade em tempos de guerras. Nasce aí o eu-lírico, a persona, o eu que representa toda uma geração batizada inicialmente de "Coca-Cola" e que depois se dilui, em termos baumanianos. Vemos o sujeito à beira do abismo, em dúvidas consigo mesmo e com o outro num processo dolorido sempre presente em suas letras.

A expressão máxima desse mecanismo poético russeano é o contraste entre "A tempestade" e "As quatro estações", por exemplo, em como temos um sujeito que ora crê na salvação e ora desiste da crença. Não é uma mensagem niilista, mas há um flerte com o fim, exatamente como os românticos em relação à presença sedutora da morte, ecoando a presença poética de Byron e de Baudelaire quando entra nesse corredor assombroso do dilema entre Eros e Tânatos. O último álbum do qual Renato participa como autor e vocalista, compondo também as melodias em conjunto com Dado e Bonfá, é intencionalmente batizado de "A tempestade ou O livro dos dias". Voltamos a Lasch e o eu e o abandono das certezas na modernidade líquida de que nos fala Bauman, e o sujeito deste álbum é a voz da própria solidão, do vazio, do olhar interior, das incertezas e da melancolia. A vida é aqui e agora, como bem mostra Antonio Cicero em seu poema "O fim da vida" (2012), e a despedida não pode ser fácil:

Conhece da humana lida
a sorte:
o único fim da vida
é a morte
e não há, depois da morte
mais nada.
Eis o que torna esta vida
sagrada:
ela é tudo e o resto, nada.

As canções "Mil pedaços", "Quando você voltar", "Longe do meu lado", "O livro dos dias" e "Soul Parsifal" formam o centro melancólico deste álbum, dialogando com o poema de Antonio Cícero. São cartas de despedida aos amigos, aos sonhos e ao que não foi vivido. O sujeito dessas letras lamenta, vive e fala do rompimento amoroso e, no entanto, decreta-se "em paz" consigo mesmo. Citando os primeiros versos destas canções, o tom já fica explícito: "Adeus, adeus, adeus meu grande amor", de "Mil pedaços"; "Vai, se você precisa ir / Não quero mais brigar esta noite", de "Quando você voltar"; "Se a paixão fosse realmente um bálsamo / O mundo não pareceria tão equivocado", de "Longe do meu lado"; "Ausente o encanto antes cultivado / Percebo o mecanismo indiferente", de "O livro dos dias"; e "Ninguém vai me dizer o que sentir / Meu coração está desperto / É sereno o nosso amor / E santo este lugar", de "Soul Parsifal".

A aura que envolve o álbum é de despedida, o eu que surge nestes versos encontra-se quase adormecido, como em estado de cura, de redenção, diante do outro, sem esperanças, purgando a vida. Nesse exercício extremo que é ceder, entender e aceitar o outro, não impor, nem se revoltar diante das escolhas que não coincidem com as suas próprias, esse sujeito diz a Lasch e sua teoria a respeito do homem que se constitui nos tempos modernos como um EU absoluto que há esperança de ressignificação. O enfrentamento da despedida nestes termos é um eco catártico do eu do criador, ciente de seu fim, de sua carne que não mais suporta os efeitos da doença.

Nesta noção de paz que compõe minha visão de "A tempestade", a canção que foi escolhida para as rádios, "Via Láctea", é síntese: "Quando tudo está perdido / Sempre existe um caminho / Quando tudo está perdido / Sempre existe uma luz / Mas não me diga isso // Hoje a tristeza não é passageira / Hoje fiquei com febre a tarde inteira / E quando chegar a noite / Cada estrela parecerá uma lágrima". Este sujeito que sai da tempestade, atropelado pela água em profusão, que anuncia sempre uma calmaria, é o mesmo que Octavio Paz percebe em "Signos em rotação" (2006), quando a consciência da história faz com que o indivíduo perceba o outro cotidianamente para, então, SER, quando diz que "a outridade é a percepção de que somos outros sem deixar de ser o que somos e que, sem deixar de estar onde estamos, nosso verdadeiro ser está em outra parte. Somos outra parte" (PAZ, 2006), e acrescento: somos tempestade.

Nesta constatação, vemos que a poesia é a reunião da vida e da morte; para Paz, o todo. Lembro aqui de Torquato Neto para resumir esse eu que não se explica porque explicado em si já está, finito, em seu poema "Cogito" (2001, p. 269):

> eu sou como eu sou
> pronome
> pessoal intransferível
> do homem que iniciei
> na medida do impossível
>
> eu sou como eu sou
> agora
> sem grandes segredos dantes
> sem novos secretos dentes
> nesta hora

eu sou como eu sou
presente
desferrolhado indecente
feito um pedaço de mim

eu sou como eu sou
vidente
e vivo tranquilamente
todas as horas do fim.

O testamento poético e de sublimação do sétimo álbum – inevitável pensar no "Sétimo selo" de Bergman –, é de serenidade, num entendimento que transcende, quase divino. O número sete, citando Chevalier, "representa os dias da semana, o ciclo da criação da terra, sintetiza a totalidade do espaço e do tempo (...), é a chave do apocalipse: 7 igrejas, 7 estrelas, 7 selos, 7 trombetas, etc., o número 7 é mágico, caracteriza a perfeição, a divindade, por isso também o número de Satanás, que tenta imitar Deus".

Como um livro de fato, a narrativa que se monta com as 15 canções do álbum, encadernado como livro e sem registros fotográficos atualizados, é uma alegoria. Este é o capítulo final da banda que por décadas moveu o imaginário e teceu modelos culturais da juventude, a mensagem que fica é um ato de fé e não de revolta, encerrando um ciclo inaugurado com "Será", primeira canção, do primeiro álbum, e que culmina com "O livro dos dias", a última canção, do último álbum do qual Renato participou.

Segundo declarações de biógrafos e algumas entrevistas dos artistas mais próximos a Renato, nas gravações dos últimos discos, a certeza de que estava com Aids quando fez os exames que constataram a doença trouxe ao espírito do cancionista uma visão de mundo ainda mais integrada. Mais do que descobrir os mistérios das relações humanas e deixar uma mensagem de resistência para seus legionários,

Renato fez planos pensando no fim de sua vida. Do resultado do exame aos seis anos seguintes de convívio com a doença e o absoluto sigilo, que só foi quebrado junto aos seus, e mais para o final da luta, Renato gravou quatro discos com a banda e os dois em projeto solo. Houve, neste espaço de tempo, a reinvenção do artista, que trouxe o teor místico e esperançoso do álbum "V" para todos os demais projetos da banda. Era urgente produzir, e assim foi feito até as gravações de "A tempestade", que ainda deixaram material excedente, usado no álbum "Uma outra estação".

Cazuza, Freddie Mercury e Renato Russo sucumbiram pelo HIV, e talvez hoje pudessem ter mais chances diante desta luta cruel. Mesmo assim, suas posturas de enfrentamento da doença perante o público divergiram. O que Cazuza fez, numa turnê final agressiva e reveladora, muitas vezes apresentando-se em cadeira de rodas e com os ossos aparentes, palavras duras e tudo isso diante da plateia, Mercury e Russo não toparam. Esses morreram sem que o público tivesse real noção dos efeitos da doença sobre seus corpos, enquanto Cazuza escolheu a superexposição como declaração estética, poética e de enfrentamento. Cada um à sua maneira, os três vivenciaram por meio de sua arte a sua dor, ficando claro em registros vocais e visuais que até os semideuses não estão imunes, nem suas vozes únicas, nem suas performances.

No dia da morte de Cazuza, a Legião Urbana apresentou-se no Jockey Club, em show exibido pela TV Manchete, e Renato abriu o show com a fala a seguir:

> Boa noite, Rio de Janeiro. Eu quero falar algumas coisas aqui. Eu vou falar de mim. Eu tenho mais ou menos 30 anos, eu sou do signo de áries, eu nasci no Rio de Janeiro, eu gosto da Billie Holiday e dos Rolling Stones, eu gosto de beber para caramba de vez em quando, também gosto de milk-shake, eu gosto de meninas, mas também gosto de

> meninos, todo mundo diz que eu sou meio louco, eu sou um cantor numa banda de rock and roll, eu sou letrista e algumas pessoas dizem que eu sou poeta.
>
> Agora eu vou falar de um carinha.
>
> Ele tem 30 anos, ele é do signo de áries, ele nasceu no Rio de Janeiro, ele gosta da Billie Holiday e dos Rolling Stones, ele é meio louco, ele gosta de beber pra caramba. Ele é cantor numa banda de rock, ele é letrista, e eu digo: ele é poeta. Todo mundo da Legião gostaria de dedicar esse show ao Cazuza.

Depois, a banda já inicia os acordes de "Há tempos" e Renato executa a canção. Esta apresentação/homenagem é mais uma amostra de que suas apresentações foram pensadas para serem também uma forma poética de manifestação. Renato era muito exigente com suas aparições, e isso demonstra o cuidado com que ele executava seu projeto, culminando em performances marcadas por momentos em que ele se deitava no palco e cantava trechos inteiros nesta postura e até mesmo músicas inteiras. Assim foi o caso do último show, em que a plateia cantou "Faroeste caboclo" sem que ele cantasse, deitado no palco, em protesto contra uma latinha lançada em sua direção. O show continuou, o último, sem, no entanto, deixar de revelar que Renato não era mais o mesmo e permanecia no estranhamento desse contato com a plateia.

Por acreditar que a mensagem que tinha para transmitir poderia revolucionar o mundo, temos um Renato que, desde o início de suas composições como cancionista, escreveu para o/um outro a quem desejava comunicar um legado de esperança diante do infortúnio (qualquer que seja, de onde vier – seja amoroso, político, existencial, intrínseco, coletivo). No início em vias de protesto e politizado, depois rendido diante das agruras da vida e, no fim, conformado em sua condição de sujeito deslizante num mundo cheio de fúria e caos, o sujeito que Renato constrói ao longo de sua narrativa desenha uma trajetória de iluminação que lembra preceitos budistas. O indivíduo está armado, depois plenamente consciente e em estado de observação, para enfim render-se e pedir perdão (pedindo também ao mundo que lhe entenda e acolha).

Renato Russo, criação de Renato Manfredini Jr., isolou-se do real ao esconder a forma física diante da luta contra o HIV, sendo que um dos poucos relatos deste quadro está presente na biografia de Dado Villa-Lobos, que registra o dia da morte de Manfredini Jr. e a chegada ao apartamento. O corpo não acompanhou a dimensão da poesia e, em 11 de outubro de 1996, despediu-se deste plano para deixar vivo ainda o rastro do cancionista. Quando Camus (2012, p. 137) descreve Kafka num estudo que acompanha seu livro sobre o mito de Sísifo, ele alcança muito do entendimento final acerca da herança de Manfredini Jr.:

> Sua obra é universal (uma obra realmente absurda não é universal) na medida em que nela aparece o rosto comovente do homem fugindo da humanidade, extraindo de suas contradições razões para acreditar e de seus desesperos fecundos razões para esperar, e chamando de vida sua apavorante aprendizagem de morte. É universal porque sua inspiração é religiosa. Como em todas as religiões, o homem ali se libertou do peso de sua própria vida. Mas assim como sei disso, e posso até admirá-lo, sei também que não busco o que é universal, mas o que é verdadeiro. As duas coisas podem não coincidir.

E quando coincidem? Quando o desejo da escrita traz o desejo de vida do condenado? Neste recorte de análise de Camus encontro minha certeza sobre o legado de Manfredini Jr., ao afirmar que a arquitetônica de sua obra vai além do que se vê quando ligada apenas ao que foi entregue à indústria cultural, como bem de consumo, entretenimento e catarse do/para o público. A redenção que está intrínseca na via-crúcis final da produção de Manfredini Jr. dá às suas letras um sentido maior, deste mesmo homem kafkiano percebido por Camus que revela na fronte a fuga da humanidade.

Quando Renato começou a sofrer as pressões para produzir os álbuns a partir do terceiro, quando seu material pré-pronto já fora todo utilizado, tem início a via-crúcis do artista que busca o *rehab* inclusive para dar conta de entregar um produto que fosse fiel ao seu projeto artístico. Ele não entregaria algo apenas para cumprir contratos. A alta vendagem da Legião lhe garantiu o privilégio de ter bons profissionais e estúdio livre para produzir novas canções. Houve aí a quebra da lógica de mercado por parte de Manfredini Jr., que entregou Russo aos que dele queriam proveito, na tentativa vã de manter a alma intacta. Não que o preço por tudo isso não tenha sido alto e sua aversão aos shows e apresentações na televisão não tenham sido cobrados. No entanto, ao garantir-se como produto vendável, a banda como um todo pôde entrar num certo Olimpo de que poucos artistas desfrutam. Tudo isso, ainda assim, incomodava Renato.

Há um mistério na escrita dele. Sua escrita foi sua sobrevivência. Manfredini Jr. se ligou de maneira visceral ao seu projeto como cancionista para nele sobreviver. Metódico, organizado e enriquecido pelas leituras de toda uma vida, fez do verbo também uma atuação de sua personagente, e a melancolia tornou-se sua casa. Palavra escrita e musicada, performatizada, dura e cristalina, fugindo de si e das armadilhas da finitude da carne. Seu legado foi dado à Legião Urbana para que não houvesse fim. Eternizado estava e é. Renato não finda.

Três datas são cruciais para a edificação deste ser caótico, que se costura novamente a cada etapa dessas, fundamentais na história de Renato Manfredini Jr. Todas estão ligadas a ele e ao seu corpo, no terreno das impossibilidades: a primeira é o diagnóstico da epifisiólise na adolescência; a segunda, o diagnóstico positivo para o HIV; e a terceira, sua morte, com a desconexão definitiva de seu projeto de trazer a personagente Russel/Russo. Renato delineou Russo como seu outro eu, sendo o homem de medidas impossíveis de Torquato Neto, flanando no mesmo mistério dos homens que atingem outras esferas, impressos ainda nas letras que produziram, reproduzidos em voz nas fitas cassetes, LPs, CDs e MP3 convertidos em nuvem, por plataformas como o Spotify, com um alcance que atravessa toda a imaginação. As fronteiras de fato se romperam, não há barragens para a poética-personagente russeana, nem rótulos; há o poder da voz, da composição e da performance que, juntas, subvertem "punkrockmente" qualquer sistema que as tente enquadrar.

Mangas bufantes, interrupções das músicas para longos minutos de conversa com o público sobre variados assuntos e danças descoordenadas. Esse era o Renato Russo que se erguia no palco e que nas duas horas de show no Ibirapuera, com 27 canções no repertório da noite, entreteve o público após quatro anos sem apresentações da banda. Renato parecia levitar. Eram os dez anos de carreira da Legião Urbana. Era a coroação de seu projeto com a performance alinhada de Russo com sua ideia de seguir limpo. A luz na fotografia atravessa o branco da camiseta, e seus dedos e braços compõem as asas desejadas por Manfredini Jr. Foi o penúltimo show da banda. O último show da Legião Urbana aconteceu no dia 14 de janeiro de 1995, na casa de shows Reggae Night, em Santos. A turnê do disco "O descobrimento do Brasil" foi cancelada logo depois desse show.

Duas latas de cerveja foram atiradas no palco, e Renato diz: "Acho a maior babaquice e falta de respeito. Cortou o barato legal", e chama de volta a banda. O show ainda segue por longo tempo, mas o entusiasmo dele não era mais o mesmo. Avesso às interações com a plateia desde os shows problemáticos em Brasília, local inclusive de seus maiores embates com o público, talvez reflexo do próprio embate entre as utopias frustradas de Manfredini Jr. e a capital do país, Renato ficou deitado no palco enquanto a plateia cantava "Faroeste caboclo". Visivelmente irritado, ele seguiu a apresentação e por mais uma hora executou grandes hits da Legião e de outras bandas. Suas últimas palavras, antes de todos os músicos distribuírem rosas brancas para a plateia e encerrarem o show, foram estes versos de "Wave", de Tom Jobim, enquanto uma melodia medieval instrumental tocava ao fundo: "Agora eu já sei da onda que se ergueu no mar / E das estrelas que esquecemos de contar".

Christopher Lasch é atualizado então quando vemos a presença-ausente de Russo em cada reaparição de seu espectro pela Legião Urbana ainda ativa e fazendo shows pelo país. Esse legado gera vendagem, o eu que é vendido hoje simula uma persona reencarnada das mais diferentes maneiras, performatizada por outros, outras vozes. O intuito é ainda colher o brilho do rastro de um cometa que já se extinguiu no horizonte, nas ondas de aniversários de morte e da banda, a massa, os fãs, o mercado e seu tritão capitalista, consumista, ainda insistem na Legião Urbana e na persona Russo. Sucesso e melancolia, rastro e oportunidade, um eco reverberando em tempos d'água.

Encerro com Wally Salomão e seu poema "Câmara de ecos": "Cresci sob um teto sossegado, meu sonho era um pequenino sonho meu. / Na ciência dos cuidados fui treinado. / Agora, entre meu ser e o ser alheio, a linha de fronteira se rompeu". Que descanse, na paz deste rompimento, a alma do BRock: Renato Manfredini Jr. E viva, no para sempre da juventude que continua ouvindo alto a Legião Urbana, Renato Russo! Evoé!

Agradecimentos

Agradeço às mulheres da minha família, minhas ancestrais. Sua luta, suas dores silenciadas. Por essas duas sou e existo: Eunice e Dora Renata.

Ao meu pai, que foi cedo demais, e ao meu irmão Ricardo. Agradeço aos meus familiares. Agradeço ao milagre cotidiano que é Helena. Agradeço ao João Henrique e sua família, que se tornou minha também. Agradeço a Sylvia Helena Cyntrão por sempre estender a mão e permanecer. Agradeço a minhas irmãs escolhidas, que não desataram os nossos nós diante dos tropeços da jornada: Ariela, Jardene, Larissa, Anie, Zildete, Grazi, Fabrícia, Janaína e Wall. Agradeço aos abraços e sorrisos brasileiros recebidos em Berlim, representados por estas duas: Cinthia e Valquiria. Ao trabalho da ONG Janaínas, que me impulsionou a tornar sonhos realidade: Tati, Dani, Lets e Evelyne, obrigada! Aos mestres-amigos Vianney e André Luis, Elga e Sara, Júlio Diniz e Paulo Petronilio. Aos amigos-poesia: Paulo, Letícia, Gabriel e Amanda. Aos amigos que a paixão pela literatura trouxe: Velasco e Arbex. Agradeço aos amigos que a UnB (re)juntou: Maxçuny, Kelly, Deliane, Elizabete, Ludmila, Chico e Medina. Em especial, Luciana Pereira!

Agradeço à UnB e à CAPES. Sem essas instituições essas páginas não seriam possíveis. Aos nove anos de pesquisa que fizeram Carlos Marcelo escrever um livro que virou mote para esta tese, lançado em 2 de junho de 2009.

Agradeço à Christininha Fuscaldo e sua editora Garota FM Books por terem abraçado a ideia e colocado energia na publicação da minha tese em forma de livro e ao Carlos Eduardo Lima por ter trabalhado comigo o texto de maneira tão genial! Agora sim e por causa de seu empenho a tese virou livro!

Agradeço ao Renato Russo, à Legião Urbana e a todos os fãs que sempre me ajudaram com pequenas gentilezas aqui e ali. Aqui agradeço em especial ao Mateus, por ter levado sua pasta de raridades embaixo do braço naquela noite no CCBB (e mandado tudo escaneado para mim depois), e por todo material enviado ao longo destes anos, em especial pelas imagens exclusivas da exposição no Museu da Imagem e do Som, em São Paulo/2017.

Agradeço a todos que acreditam na Universidade pública e gratuita, na Educação e na Música. Somos todos som e fúria. Faulkner, obrigada!

Em especial, agradeço aqui a você que ajudou a tornar este livro uma realidade e aos que contribuíram para integrar a lista dos apoiadores da campanha.

Fã-clubes / fanpages:

Arquivo Legião
Célula Urbana
Encontro Legionário
Fanpage Legião Vive
Fã-Clube 1978 à Eternidade
Legião A Banda Urbana
Legião Jovem

Apoiadores

Alecsandro Amaro de Lima
Alexandre Almeida
Aloá Benvenuti Fischer
Ana Claudia Alcantara
Ana Milhomem
André Luis Gomes
Anie Rampon Barretto
Ariela Lana
Bruna Torinelli
Camila de Oliveira Cândido
Cecy Alcantara
Celso Vieira da Rocha Júnior
Cinthia Campmany
Cintia R A Marques
Cristina Lins
Daniel Cleverson Pedroso
Banda Se7e Cidades – Legião Urbana Tributo
Dione Candido da Silva
Dionysio da Cunha Soares
Dirceu Aguero
Eliumar Silva
Emerson Bellentani
Enio Alves Vieira Filho
Fabricia de Oliveira Gouveia
Felipe Mariano Soares
Flávia Zanutto
Gilson Hirata Kobori
Guilherme Amorim Campos da Silva
Gustavo Henrique Soares Anjos
Heulnyce Renata Yunes

Illana Pinheiro Bezerra
Jader Abdo
Janine Soares de Oliveira
Jorge Brando
Jorge Souza Peixoto
Josivaldo Junior
Larissa Sales
Leandro Souto Maior
Biblioteca Escritor RenatoRusso (fã-clube LEGIÃOjovem)
Luiz Flavio Petinati
Luiz Ricardo Viana Melo
Marcos Antonio Markão
Maria do Socorro Elineide Barboza dos Santos Alves
Maria do Perpétuo Socorro Alves de Souza
Maria José Dellamano-Oliveira
Mariana Fontes
Mariane Corbetta
Mauro Sergio Lovatino
Otávio Augusto Buzar Perroni
Paulo Gomes de Macedo
Paulo Henrique Martins Rocha
Renalvo Cavalcante
Ricardo Mucury Filho
Sarah Carollyne Yunes de Azevêdo
Sissi Lessa
Thiago Zanon
Tiago Venancio Alves
Valdir de Castro - O Legionário Urbano DF
Valmi Amaral de Oliveira
Victor Hugo Yunes
Victor Thadeu Brum Sansone
Wanderson Oliveira

o Russel Renato o Rousseau Renato o Manfredini Renato o Cancion
o Russel Renato o Rousseau Renato o Manfredini Renato o Cancio
ato o Russel Renato o Cancionista Renato o Russo Renato o Russel
nato o Manfredini Renato o Cancionista Renato o Russo Renato o R
Renato o Manfredini Renato o Cancionista Renato o Russo Renato o
sseau Renato o Manfredini Renato o Cancionista Renato o Russo R
to o Rousseau Renato o Manfredini Renato o Cancionista Renato o
Renato o Manfredini Renato o Russo Renato o Russel Renato o Rou
i Renato o Cancionista Renato o Russo Renato o Russel Renato o Ru
nfredini Renato o Cancionista Renato o Russo Renato o Russel Ren
o Manfredini Renato o Russo Renato o Russel Renato o Manfredi
Renato o Russo Renato o Russel Renato o Rousseau Renato o Manf
a Renato o Russo Renato o Russel Renato o Rousseau Renato o Man
sso Renato o Russel Renato o Manfredini Renato o Cancionista Ren
usseau Renato o Manfredini Renato o Cancionista Renato o Russo R
to o Rousseau Renato o Manfredini Renato o Cancionista Renato o
nato o Rousseau Renato o Manfredini Renato o Cancionista Renato
ssel Renato o Rousseau Renato o Manfredini Renato o Cancionista
to o Rousseau Renato o Manfredini Renato o Cancionista Renato o
nato o Rousseau Renato o Manfredini Renato o Cancionista Renato
ssel Renato o Rousseau Renato o Manfredini Renato o Cancionista
to o Russel Renato o Rousseau Renato o Manfredini Renato o Canci
nato o Russel Renato o Rousseau Renato o Manfredini Renato o Canc
sso Renato o Russel Renato o Rousseau Renato o Manfredini Renato
Russo Renato o Russel Renato o Rousseau Renato o Manfredini Ren

Referências Bibliográficas

ADORNO, Theodor. *Indústria cultural e sociedade*. São Paulo: Paz e Terra, 2002.

AGAMBEN, Giorgio. *O que é o contemporâneo? e outros ensaios*. Chapecó, SC: Argos, 2009.

ALBIN, Ricardo Cravo. *Dicionário Houaiss ilustrado da Música Popular Brasileira* – Criação e supervisão geral: Ricardo Cravo Albin. Rio de Janeiro: Instituto Antônio Houaiss; Instituto Cultural Cravo Albin; Paracatu, 2006.

ALEXANDRE, Ricardo. *Dias de luta*: o rock e o Brasil dos anos 80. São Paulo: Dórea Books and Art, 2002.

AMARAL, Euclides. *Alguns aspectos da MPB*. 3. ed. Rio de Janeiro: Edição do Autor, 2008.

AMARAL, Euclides. *Alguns aspectos da MPB*. 2. ed. Rio de Janeiro: Esteio, 2010.

AMARAL, Euclides. *Alguns aspectos da MPB*. 3. ed. Rio de Janeiro: EAS, 2014.

ANDERSON, Perry. *As origens da pós-modernidade*. Rio de Janeiro: Jorge Zahar Editor, 1999.

ANDRADE, Carlos Drummond de. *Poesia completa*. São Paulo: Nova Aguilar, 2007. (vol. único).

ANTUNES, Arnaldo. Heavy rock'a billy punk tecnopop hard core pop rhythm and blues progressivo new wave psicodélico ye ye ye black metal and roll. *In*: DOLABELA, Marcelo. *ABZ do rock brasileiro*. São Paulo: Estrela do Sul, 1987. p. 13.

ARENDT, Hannah. *A condição humana*. Trad. de Roberto Raposo. 10. ed. Rio de Janeiro: Forense Universitária, 2005.

ARTAUD, Antonin. The Theatre of Cruelty. *In*: ARTAUD, Antonin. *The theory of the modern stage*. Ed. by Eric Bentley. London: Penguin, 1968.

AUGÉ, Marc. *Não-lugares*: introdução a uma antropologia da supermodernidade. Campinas, SP: Papirus, 1994.

ÁVILA, Paulo Silva de. *A poética romântica de Renato Russo*. Monografia (Especialização em Língua Portuguesa e Literatura) – Universidade Severino Sombra, Vassouras, Rio de Janeiro, 2008.

ASSAD, Simone. *Renato Russo de A Z*. Campo Grande: Letra Livre, 2000.

BACHELARD, Gaston. *A poética do espaço*. Trad. de Antonio de Pádua Danesi. São Paulo: Martins Fontes, 2003.

BAKHTIN, Mikhail. *Questões de literatura e estética*: a teoria do romance. Trad. de Aurora Fornoni Bernardini *et al*. 4. ed. São Paulo: Editora Unesp, 1998.

BAKHTIN, Mikhail. *Estética da criação verbal*. Trad. de Paulo Bezerra. São Paulo: Martins Fontes, 2003.

BALL, Gordon. A Nobel for Dylan? *American made music*. Jackson, US: University Press of Mississippi, 2012. ProQuest ebrary. (Series: Poetics of American Song Lyrics).

BARTHES, Roland. *Fragmentos de um discurso amoroso*. Trad. de Hortência dos Santos. Rio de Janeiro: Francisco Alves, 1990.

BAUDELAIRE, Charles. *As flores do mal*. Trad. de Jamil Almansur Haddad. São Paulo: Difusão Europeia do Livro, 1964.

BAUMAN, Zygmunt. *Amor líquido*: sobre a fragilidade dos laços humanos. Trad. de

Carlos Alberto Medeiros. Rio de Janeiro. Jorge Zahar, 2004.

BELZ, Carl. *The story of rock*. New York: Oxford University Press, 1969.

BENEVIDES, Rubens de Freitas. *Juventude, política e rock and roll*: a cena do rock independente em Goiânia. Tese (Doutorado em Sociologia) – Universidade de Brasília, Brasília, 2008.

BENJAMIN, Walter. Sobre o conceito da história. *In*: BENJAMIN, Walter. *Obras escolhidas*: magia e técnica, arte e política – Ensaios sobre literatura e história da cultura. 4. ed. São Paulo: Brasiliense, 1985.

BHABHA, Homi. *O local da cultura*. Belo Horizonte: Editora da UFMG, 1998.

BIVAR, Antonio. *O que* é *punk?* São Paulo: Brasiliense, 1992.

BOSI, Alfredo. *O ser e o tempo na poesia*. São Paulo: Companhia das Letras, 2004.

BOSI, Alfredo. *História concisa da literatura brasileira*. 3. ed. São Paulo: Cultrix, 1970.

BURKE, Peter. *Hibridismo cultural*. São Leopoldo: Editora Unisinos, 2008.

CAMPOS, Augusto de. *Balanço da bossa*: antologia crítica da moderna música popular brasileira. São Paulo: Perspectiva, 1968.

CAMPOS, Haroldo de. *Metalinguagem e outras metas*. São Paulo: Perspectiva, 1992.

CAMUS, Albert. *O mito de Sísifo*. Rio de Janeiro: BestBolso, 2012.

CANCLINI, Néstor García. *Leitores, espectadores e internautas*. São Paulo: Iluminuras, 2008.

CANCLINI, Néstor García. *Culturas híbridas*: estratégias para entrar e sair da modernidade. São Paulo: Editora da USP, 2008.

CAPACHI, Candice Cláudia. *As letras de canção de Renato Russo e seu diálogo com a poesia dos anos 80*. Dissertação (Mestrado em Estudos Literários) – Universidade Federal do Paraná, Curitiba, 2003.

CASTILHO, Angélica; SCHLUDE, Erica. *Depois do fim – vida, amor e morte nas canções da Legião Urbana*. Rio de Janeiro: Hama, 2002.

CASTRO, Ruy. *Tempestade de ritmos*: jazz e música popular no século XX. São Paulo: Companhia das Letras, 2017.

CHACON, Paulo. *O que* é *rock?* São Paulo: Brasiliense, 1983.

CHEVALIER, Jean; GHEERBRANT, Alain. *Dicionário de símbolos*. RJ: José Olympio, 1998.

CICERO, Antonio. O fim da vida. *In*: CICERO, Antonio. *Porventura*. Rio de Janeiro: Record, 2012.

CORRÊA, Tupã Gomes. *Rock – nos passos da moda*: mídia, consumo x mercado cultural. Campinas: São Paulo, 1989.

COSTA, Cecília. *Ricardo Cravo Albin*: uma vida em imagem e som. Rio de Janeiro: Edições de Janeiro, 2018.

CYNTRÃO, Sylvia H. (Org.). *A forma da festa*: Tropicalismo – a explosão e seus estilhaços. Brasília: Editora da UnB, 2000.

CYNTRÃO, Sylvia H.; CHAVES, Xico. *Da Paulicéia* à *centopéia desvairada*: as vanguardas e a MPB. Rio de Janeiro: Elo, 1999.

CYNTRÃO, Sylvia H. *Como ler o texto poético*: caminhos contemporâneos. Brasília: Plano, 2004.

CYNTRÃO, Sylvia H. *O lugar da poesia contemporânea brasileira*: um mapa de produção. Disponível em: http://www.onda.eti.br/revistaintercambio/conteudo/arquivos/1961.pdf. Acesso em: 30 out 2009.

CYNTRÃO, Sylvia H. Será só imaginação?: A intenção do autor na obra de Renato Russo. *Revista Graphos*, João Pessoa, v. 11, n. 1, jun. 2009.

CYNTRÃO, Sylvia H. (Org.). *Poesia*: o lugar do contemporâneo. Brasília: Editora da UnB, 2009.

DANTAS, Fabrício. O Jesus marginal de Chico Buarque e Renato Russo. *In*: FERRAZ, S. *et al.* (Orgs.). *Deuses em poéticas*: estudos de literatura e teologia. Belém: UEPA; Campina Grande: EDUEPB, 2008.

DAPIEVE, Arthur. *BRock, o rock brasileiro dos anos 80*. 2. ed. São Paulo: Editora 84, 1996.

DAPIEVE, Arthur. *Renato Russo, o trovador solitário*. Rio de Janeiro: Relume Dumará; Prefeitura Municipal, 2000.

DAPIEVE, Arthur. *Renato Russo, o trovador solitário*. Rio de Janeiro: Ediouro, 2006.

DEBORD, Guy. *Sociedade do espetáculo*. Rio de Janeiro: Contraponto, 2000.

DEMARCHI, André Luis Campanha. *Legionários do rock*: um estudo sobre quem pensa, ouve e vive a música da banda Legião Urbana. 2006. Dissertação (Mestrado em Sociologia e Antropologia) – Universidade Federal do Rio de Janeiro, Rio de Janeiro, 2006.

DINIZ, Julio; GIUMBELLI, Emerson; ZAN, José Roberto; NAVES, Santuza Cambraia (Orgs.). *Leituras sobre música popular*: reflexões sobre sonoridade e cultura. Rio de Janeiro: 7Letras, 2008.

DOMINGOS, Marcelo José. *Muitos porteiros e pessoas normais*: sobre as bandas de rock em Brasília em perspectiva identitária (1982-1990). Dissertação (Mestrado em História) – Universidade de Brasília, Brasília, 2005.

EAGLETON, Terry. *A ideologia da estética*. Rio de Janeiro: Jorge Zahar, 1993.

EAGLETON, Terry. *Teoria da literatura*: uma introdução. São Paulo: Martins Fontes, 2006.

ECO, Umberto. *Apocalípticos e integrados*. São Paulo: Perspectiva, 1970.

ECO, Umberto. *Os limites da interpretação*. São Paulo: Perspectiva, 1990.

ECO, Umberto. *Interpretação e superinterpretação*. Trad. de Monica Stahel. 2. ed. São Paulo: Martins Fontes, 2005.

FAUSTO, Boris. *História do Brasil*. 9. ed. São Paulo: Editora da Universidade de São Paulo, 2001.

FERNANDES JUNIOR, Antônio. *Intertextualidade nas letras das canções de Renato Russo*. 2002. Dissertação (Mestrado em Estudos Literários) – Universidade Estadual Paulista, Faculdade de Ciências e Letras, Campus de Araraquara, 2002.

FINNEGAN, Ruth. "*O que vem primeiro: o texto, a música ou a performance?*". In: Neiva de Matos, Cláudia; Travassos, Elizabeth; da Teixeira de Medeiros, Fernanda. "Palavra cantada: ensaios sobre poesia, música e voz". Rio de Janeiro: 7 Letras, 2008.

FRIEDLANDER, Paul. *Rock and roll*: uma história social. Rio de Janeiro: Record, 2004.

FRITH, Simon. *Sound effects*: youth, leisure, and the politics of rock'n'roll. New York: Pantheon Books, 1981.

FUSCALDO, Chris. *Discobiografia legionária*. São Paulo: Leya, 2016.

GATTO, Vinicius Delangelo Martins. *Rock progressivo e punk rock*: uma análise sociológica da mudança na vanguarda estética do campo do rock. Dissertação (Mestrado em Ciências Sociais) – Universidade de Brasília, Brasília, 2011.

GIBSON, Clare. *Como compreender símbolos*: guia rápido sobre simbologia nas artes. São Paulo: Senac São Paulo, 2012.

GIDDENS, Anthony. *As consequências da modernidade*. Trad. de Raul Fiker. São Paulo: Editora Unesp, 1991.

GIDDENS, Anthony. *A constituição da sociedade*. Trad. de Álvaro Cabral. São Paulo: Martins Fontes, 1989.

GIDDENS, Anthony. *Política, sociologia e teoria social*: encontros com o pensamento social clássico e contemporâneo. Trad. de Cibele Saliba Rizek. São Paulo: Fundação Editora da Unesp 1998.

GINSBERG, Allen. *Uivo, Kaddish e outros poemas*. Trad. de Cláudio Willer. Porto Alegre: L&PM, 1999.

GOMES, Alessandra Leila Borges. *Infinitamente pessoal*: modulações do amor em Caio Fernando Abreu e Renato Russo. Tese (Doutorado em Estudos Literários) – Universidade Federal de Minas Gerais, Belo Horizonte, 2008.

GOMES, Cristiano Vinicius de Oliveira. *Depois do começo – as composições de Renato Russo*: modernidade – uma leitura da identidade cultural na geração do anos 80. 2008. 189 f. Dissertação (Mestrado em Ciências Humanas) – Universidade Federal de Goiás, Goiânia, 2008.

GUATTARI, Félix. *Caosmose*: um novo paradigma estético. Rio de Janeiro: Editora 34, 1992.

GÜNTHER, Wesley Rosa. *Que cidade é esta? A Urbs brasiliense nas letras do* álbum Que País é Este 1978/1987 *da banda Legião Urbana*. 2013. 97 f. Dissertação (Mestrado em Literatura) – Universidade de Brasília, Brasília, 2013.

HALL, Stuart. *A identidade cultural na pós-modernidade*. Rio de Janeiro: DP&A, 1998.

HAN, Byung-Chul. *Sociedade do cansaço*. Petrópolis: Vozes, 2017.

HAN, Byung-Chul. *Sociedade da transparência*. Petrópolis: Vozes, 2017.

HAN, Byung-Chul. *Topologia da violência*. Petrópolis: Vozes, 2017.

HAN, Byung-Chul. *O que é poder?* Petrópolis: Vozes, 2019.

HAN, Byung-Chul. *Agonia do Eros*. Petrópolis: Vozes, 2017.

HOBSBAWM, Eric. *Era dos extremos*: o breve século XX – 1914-1991. São Paulo: Companhia das Letras, 1995.

HOUAISS, ANTONIO; VILLAR, MAURO DE SALES. *Dicionário Houaiss da Língua Portuguesa*. Rio de Janeiro: Objetiva, 2001.

HUTCHEON, Linda. *Poética do pós-modernismo*: história, teoria, ficção. Trad. de

Ricardo Cruz. Rio de Janeiro: Imago, 1991.

JAMESON, Fredric. A lógica cultural do capitalismo tardio. *In*: JAMESON, Fredric. *Pós-modernismo*: a lógica cultural do capitalismo tardio. São Paulo: Ática, 1997.

KEROUAC, Jack. *On the road*: o manuscrito original. Trad. de Eduardo Moreno e Lúcia Brito. Porto Alegre: L&PM, 2012.

LASCH, Christopher. *O mínimo eu*. São Paulo: Brasiliense, 1984.

LEJEUNE, Philippe. *O pacto autobiográfico*: de Rousseau à Internet. Trad. de Jovita Maria Gerheim Noronha e Maria Inês Coimbra Guedes. Belo Horizonte: Ed. UFMG, 2008.

LEMINSKI, Paulo. *Anseios crípticos (anseios teóricos)*: peripécias de um investigador do sentido no torvelinho das formas e das ideias. Curitiba: Criar, 1986.

LEONI. *Letra, música e outras conversas*. Rio de Janeiro: Gryphus, 1995.

LÉVI-STRAUSS, Claude. *O pensamento selvagem*. São Paulo: Nacional, 1970.

LEVY, Pierre. *Cibercultura*. Trad. de Carlos Irineu da Costa. São Paulo: Editora 34, 1999.

LIPOVETSKY, Gilles; CHARLES, Sébastien. *Os tempos hipermodernos*. São Paulo: Barcarolla, 2004.

LIPOVETSKY, Gilles; SERROY, Jean. *A cultura mundo*. São Paulo: Companhia das Letras, 2011.

LOPES, Marcos Carvalho. *Canção, estética e política*: ensaios legionários. Campinas: Mercado das Letras, 2011.

LORCA, Federico García. *Obras completas*. Madrid: Aguilar, 1993.

MACHADO, Irene de Araújo. *O romance e a voz*: a prosaica dialógica de M. Bakhtin. São Paulo: Fapesp, 1995.

MACIEL, Luiz Carlos. *Geração em transe*: memórias do tempo do Tropicalismo. Rio de Janeiro: Nova Fronteira, 1996.

MANN, Thomas. *Tônio Kroeger & A morte em Veneza*. Trad. de Maria Deling. São Paulo: Abril Cultural, 1979.

MANN, Thomas. *A montanha mágica*. Rio de Janeiro: Nova Fronteira, 2000.

MARCELO, Carlos. *Renato Russo – O filho da revolução*. Rio de Janeiro: Agir, 2009.

MARCELO, Carlos. Entrevista. Caderno C, capa e página 2. *Correio Braziliense*, 17/05/2009.

MARSHALL, Berman. *Tudo o que é sólido desmancha no ar*: a aventura da modernidade. São Paulo: Companhia das Letras, 1986.

MARCHETTI, Paulo. *O diário da Turma 1976-1986*: a história do rock de Brasília. São Paulo: Conrad, 2001.

MARTINS, Sérgio. Riqueza de repertório. *Veja*, ed. 2.277, ano 45, n. 28, 11/07/2012.

MAZZOLENI, Florent. *As raízes do rock*. Trad. de Andrea Gottlieb Castro Neves. São Paulo: Companhia Editora Nacional, 2012.

McLUHAN, Herbert Marshall. *Os meios de comunicação como extensão do homem*. Trad. de Décio Pignatari. São Paulo: Cultrix, 1964.

MEDAGLIA, Júlio. *Música impopular*. São Paulo: Global, 1988.
MEDINA, Carlos Alberto de. *Música popular e comunicação*: um ensaio sociológico. Petrópolis: Vozes, 1973.
MEIRELES, Cecília. *Poesia completa*. v. 2. Rio de Janeiro: Nova Fronteira, 2001.
MELLER, Lauro. Poetas ou cancionistas? Uma discussão sobre música popular e poesia literária. Curitiba: Appris, 2015.
MESLIN, Michel. *A experiência humana do divino*. Trad. de Orlando Reis. Petrópolis: Vozes, 1992.
MOTTA, Nelson. *Noites tropicais*. Guarulhos: Ponto de Leitura, 2009.
MUGGIATI, Roberto. *Rock*: o grito e o mito. Petrópolis: Vozes, 1981.
NAPOLITANO, Marcos. *História & música*: história cultural da música popular. Belo Horizonte: Autêntica, 2005.
NETO, Torquato. *In*: MORICONI, Ítalo. *Os cem melhores poemas brasileiros do século*. Rio de Janeiro: Objetiva, 2001.
NUTO, João Vianney Cavalcanti (Org.). *Personas autorais*: prosarias e teoremas. Brasília: Siglaviva, 2016.
OZÓRIO, Elisângela Maria. *A poética do cotidiano em Renato Russo*: a letra e a música como resistência e contestação. Dissertação (Mestrado em Literatura) – Pontifícia Universidade Católica de São Paulo (PUC/SP), São Paulo, 2011.
PARDO, Ana Lúcia. *A teatralidade do humano*. São Paulo: Sesc, 2011.
PAZ, Octavio. *O arco e a lira*. Rio de Janeiro: Nova Fronteira, 1982.
PAZ, Octavio. *Signos em rotação*. São Paulo: Perspectiva, 2006.
PEREIRA, Carlos A. M. *O que é contracultura*. São Paulo: Brasiliense, 1992.
PERRONE, Charles. *Letras e letras da MPB*. Rio de Janeiro: Elo, 1988.
PRECIADO, Paul B. *Testo Junkie*: sexo, drogas e biopolítica na era farmacopornográfica. São Paulo: N-1 Edições, 2018.
QUEIROZ, Maria Isaura Pereira de. *O messianismo no Brasil e no mundo*. 3. ed. São Paulo: Dominus, 1967.
REED, Lou. *Luzes da cidade*. Trad. de Luís Maio. Portugal: Assírio e Alvim, 1987. (Coleção Rei Lagarto, n. 15).
REMÉDIOS, Maria Luiza R. *Literatura confessional*. Porto Alegre: Mercado Aberto, 1997.
REVISTA CERRADOS. Poesia brasileira contemporânea, ano 13, n. 18, Programa de Pós-graduação em Literatura, Universidade de Brasília, Brasília, 2004.
ROCHEDO, Aline do Carmo. *Os filhos da revolução*: a juventude urbana e o rock brasileiro dos anos 1980. Dissertação (Mestrado em História) - Universidade Federal Fluminense, Niterói, 2011.
RODRIGUES, Henrique. *Como se não houvesse amanhã*. Rio de Janeiro: Record, 2010.
RODRIGUES, Víctor Gabriel. *O ensaio como tese*: estética e narrativa na composição do texto científico. São Paulo: WMF Martins Fontes, 2012.
ROSA, João Guimarães. *Primeiras estórias*. Rio de Janeiro: Livraria José Olímpio, 1975.
RUSSELL, Bertrand. *A história da filosofia universal*. São Paulo: Companhia Editora Nacional, 1957.

RUSSO, Renato. *Só por hoje e para sempre*: diário do recomeço. São Paulo: Companhia das Letras, 2015.

RUSSO, Renato. *The 42nd St. Band*: romance de uma banda imaginária. Org. de Tarso de Melo. Trad. de Guilherme Flores. São Paulo: Cia. das Letras, 2016.

RUSSO, Renato. *O livro das listas*: referências musicais, culturais e sentimentais. São Paulo: Cia. das Letras, 2017.

RENATO RUSSO MANFREDINI JR. (RMJR) Brasília: Centro Cultural Banco do Brasil, 2004.

SÁ, Sérgio. *A reinvenção do escritor*: leitura e *mass media*. Belo Horizonte: Editora UFMG, 2010.

SALOMÃO, Wally. *Algaravias*: câmara de ecos. Rio de Janeiro: Rocco, 2007.

SANTANNA, Affonso Romano. *Que país é este?* São Paulo: Civilização Brasileira, 1980.

SANTANNA, Affonso Romano. Canto e Palavra. *In*: MATOS, Cláudia Neiva de; TRAVASSOS, Elizabeth; MEDEIROS, Fernanda (Orgs.). *Ao encontro da palavra cantada*: poesia, música e voz. Rio de Janeiro: 7Letras, 2001.

SANTANNA, Affonso Romano. *Paródia, paráfrase e cia*. São Paulo: Ática, 2003.

SANTANNA, Affonso Romano. *Música popular e moderna poesia brasileira*. Rio de Janeiro: Vozes, 2013.

SANTIAGO, Silviano. O entre-lugar do discurso latino-americano. *In*: SANTIAGO, Silviano. *Uma literatura nos trópicos*: ensaios sobre dependência cultural. São Paulo: Perspectiva; Secretaria da Cultura, Ciência e Tecnologia do Estado de São Paulo, 1978.

SANTIAGO, Silviano. *Intérpretes do Brasil*. Rio de Janeiro: Nova Aguilar, 2002. 3 v.

SCHWARZ, Roberto. Cultura e política, 1964-1969. *In*: SCHWARZ, Roberto. *O pai de família e outros estudos*. Rio de Janeiro: Paz e Terra, 1978. p. 61-92.

SCHWARTZ, Jorge. A cosmópolis: do referente ao texto. *In*: SCHWARTZ, Jorge. *Vanguarda e cosmopolitismo*. São Paulo: Perspectiva, 1983.

SEIXAS, Jacy Alves de. A imaginação do outro e as subjetividades narcísicas – um olhar sobre a in-visibilidade contemporânea [o mal-estar de Flaubert no Orkut]. *In*: NAXARA, Márcia. MARSON, Izabel. BREPOHL, Marion. (org.). *Figurações do outro*. Uberlândia: EDUFU, 2012. p. 63-88.

SILVA, Anazildo Vasconcelos da. *Desconstrução/construção no texto lírico*. Rio de Janeiro: Livraria Francisco Alves S.A., 1975.

SILVA, Anazildo Vasconcelos da. A paraliteratura. *In*: PORTELA, Eduardo. *Teoria literária*. Rio: Tempo Brasileiro, 1976.

SILVA, Anazildo Vasconcelos da. *A lírica brasileira do século XX*. São Paulo: Vertente, 1999.

SILVA, Anazildo Vasconcelos da. *Quem canta comigo*: representação do social na poesia de Chico Buarque. Rio de Janeiro: Garamond, 2010.

SILVA, Tomaz Tadeu da. *Identidade e diferença*. Petrópolis: Vozes, 2000.

SOARES, Luiz Eduardo. Juventude e violência no Brasil contemporâneo. *In*: NOVAES, Regina; VANNUCHI, Paulo (Orgs.). *Juventude e sociedade*: trabalho, educação, cultura e participação. São Paulo: Instituto Cidadania; Fundação Perseu Abramo, 2004.

SOBRINHO, Jorge Alexandre Fernandes Anselmo. *Entre a sanfona e a guitarra*: hibridismos e identidades no rock'n'roll e *heavy metal* nacionais dos anos 90. Dissertação (Mestrado em História) – Universidade de Brasília, Brasília, 2013.

SOUSA, Rodrigo Franklin de. *O messianismo enquanto movimento social*. *In*: ANAIS DO III SEMINÁRIO NACIONAL E I SEMINÁRIO INTERNACIONAL: MOVIMENTOS SOCIAIS PARTICIPAÇÃO E DEMOCRACIA. 11 a 13 de agosto de 2010, Universidade Federal de Santa Catarina, Florianópolis, Brasil.

SOUZA, Antônio Marcus Alves de. *Cultura rock e arte de massa*: Crítica social e divertimento no rock brasileiro dos anos 80. Dissertação (Mestrado em Comunicação) – Universidade de Brasília, Brasília, 1994.

SPINA, Segismundo. *A lírica trovadoresca*. São Paulo: Edusp 1996.

TATIT, Luiz. *A canção*. São Paulo: Atual, 1987.

TATIT, Luiz. *O cancionista*: composição de canções no Brasil. São Paulo: Editora Universidade de São Paulo, 2012.

TATIT, Luiz. *Musicando a semiótica*: ensaios. São Paulo: Annablume, 1997.

TATIT, Luiz. *O século da canção*. São Paulo: Ateliê Editorial, 2004.

THOMPSON, John B. *Ideologia e cultura moderna*. Rio de Janeiro: Vozes, 1990.

VASCO, Júlio; GUIMA, Renato. *Conversações com Renato Russo*. Campo Grande: Letra Livre, 1996.

VELASCO, Tiago. *Novas dimensões da cultura pop*: a coexistência dos ídolos de massa e de nicho na música contemporânea. Rio de Janeiro: Multifoco, 2011.

VELOSO, Caetano. *Verdade tropical*. São Paulo: Companhia das Letras, 1997.

VIANNA, Hermano. *Por enquanto*. Texto de apresentação da coleção de CDs Legião Urbana: São Paulo: EMI-Brasil, setembro de 1995.

VIEIRA, Evandro. *Esfolando ouvidos*: memórias do hardcore em Brasília. Brasília: FAC, 2005.

WILLER, Claudio. *Geração beat*. Porto Alegre: L&PM, 2010.

WISNIK, José Miguel. *O som e o sentido*: uma outra história das músicas. São Paulo: Companhia das Letras, 1989.

WISNIK, José Miguel. A gaia ciência – literatura e música popular no Brasil. *In*: WISNIK, José Miguel. *Ao encontro da palavra cantada*: poesia, música e voz. Org. de Cláudia Neiva Matos, Elizabeth Travassos e Fernanda Teixeira de Medeiros. Rio de Janeiro: 7Letras, 2001.

YUNES, Eliana. *Tecendo um leitor*: uma rede de fios cruzados. Curitiba: Aymará, 2009.

ZUMTHOR, Paul. *Performance, recepção, leitura*. 2. ed. São Paulo: Cosac Naify, 2010.

ZUMTHOR, Paul. *A letra e a voz: a "literatura" medieval*. Trad. de Amálio Pinheiro e Jerusa Pires Ferreira. São Paulo: Companhia das Letras, 1993.

Discografia e Filmografia

Discos

14 Bis. *Sete*. São Paulo: EMI-Odeon, 1987. 1CD.

LEGIÃO URBANA. *Legião Urbana*. Rio de Janeiro: EMI-Odeon Brasil, 1985.

LEGIÃO URBANA. *Dois*. Rio de Janeiro: Emi-Odeon Brasil, 1986.

LEGIÃO URBANA. *Que país é este – 1978/1987*. Rio de Janeiro: EMI-Odeon Brasil, 1987.

LEGIÃO URBANA. *As quatro estações*. Rio de Janeiro: EMI-Odeon Brasil, 1989.

LEGIÃO URBANA. *V*. Rio de Janeiro: EMI-Odeon Brasil, 1991.

LEGIÃO URBANA. *Música p/ acampamentos*. Rio de Janeiro: EMI-Odeon Brasil, 1992.

LEGIÃO URBANA. *O descobrimento do Brasil*. Rio de Janeiro: EMI-Odeon Brasil, 1993.

LEGIÃO URBANA. *A tempestade ou O livro dos dias*. Rio de Janeiro: EMI-Odeon Brasil, 1996.

LEGIÃO URBANA. *Uma outra estação*. Rio de Janeiro: EMI-Odeon Brasil, 1997.

RENATO RUSSO. *The Stonewall celebration concert*. Rio de Janeiro: EMI-Odeon Brasil, 1994.

RENATO RUSSO. *Equilíbrio distante*. Rio de Janeiro: EMI-Odeon Brasil, 1995.

RENATO RUSSO. *O último solo*. Rio de Janeiro: EMI-Odeon Brasil, 1997.

RENATO RUSSO. *Bis*. Rio de Janeiro: EMI-Odeon Brasil, 2000.

RENATO RUSSO. *Renato Russo presente*. Rio de Janeiro: EMI-Odeon Brasil, 2003.

Filmes

RESISTÊNCIA hardcore – 2018. Realização: André Tótors. Disponível em: https://youtu.be/O310s8PnTF4. Acesso em: 08 ago 2019.

GERAÇÃO Baré-Cola – Usuários do rock. Direção e Produção: Patrick Grosner. Brasília: Fundo de Apoio à Cultura – FAC-DF, 2017. Documentário. 1 DVD (70 min.). DVD/NTSC, son., color.

PALAVRA (en)cantada. Direção: Helena Solberg. Produção: David Meyer. Rio de Janeiro: Radiante Filmes, 2009. Documentário. 1 DVD (86 min.). DVD/NTSC, son., color.

WHAT happened, Miss Simone? Direção: Liz Garbus. Netflix, 2015. Documentário (1h41min.). son., color.

ROCK Brasília – Era de ouro Brasil. Direção: Vladimir Carvalho. Produção: Marcus Ligocki. 2011. Documentário (111 min.). son., color.

RENATO Russo – Entrevistas MTV. Gênero: Entrevistas. Abril/Deckdisc, 2010. (2h22min.). Cor.

SOMOS tão jovens. Direção: Antonio Carlos da Fontoura. Gênero: Romance/Drama. Imagem Filmes, 2013. (1h44min.).

FAROESTE caboclo. Direção: René Sampaio. Gênero: Romance/Drama. Rio de Janeiro: Globo Filmes, 2013. (1h48min.).

EDUARDO e Mônica. Direção: René Sampaio. Gênero: Romance/Drama. Rio de Janeiro: Globo Filmes, 2020. (1h54min.).

Anexo

29 letras de canção de autoria exclusiva de Renato Russo

	Faixa / Título da letra da canção	Disco / Ano
1	6 – "Geração Coca-Cola"	**1985 – *Legião Urbana***
2	11 – "Por enquanto"	**1985 – *Legião Urbana***
3	"1977"	*
4	04 – "Eduardo e Mônica"	**1986 – *Dois***
5	06 – "Tempo perdido" (1977[1])	**1986 – *Dois***
6	07 – "Metrópole"	**1986 – *Dois***
7	09 – "Música urbana" 2	**1986 – *Dois***
8	11 – "Fábrica" (1977)	**1986 – *Dois***
9	12 – "Índios"	**1986 – *Dois***
10	01 – "Que país é este"	***1987 – Que país é este 1978-1987***
11	03 – "Tédio (com um T bem grande para você)"	***1987 – Que país é este 1978-1987***
12	04 – "Depois do começo"	***1987 – Que país é este 1978-1987***
13	05 – "Química"	***1987 – Que país é este 1978-1987***
14	06 – "Eu sei"	***1987 – Que país é este 1978-1987***
15	07 – "Faroeste caboclo"	***1987 – Que país é este 1978-1987***
16	03 – "Feedback song for a dying friend"	**1989 – *As quatro estações***
17	07 – "Monte Castelo"	**1989 – *As quatro estações***
18	03 – "A canção do senhor da guerra"	**1992 – *Música p/ acampamentos***
19	01 – "Vinte e nove"	**1993 – *O descobrimento do Brasil***
20	08 – "Vamos fazer um filme"	**1993 – *O descobrimento do Brasil***
21	12 – "1º de julho"	**1996 – *A tempestade***

* 1977 – Canção nunca lançada e que desdobrou em outras duas letras: a melodia inspirou "Fábrica" e parte da letra deu vida a "Tempo perdido".

22	10 – "Dado viciado"	**1997 – *Uma outra estação***
23	11 – "Marcianos invadem a terra"	**1997 – *Uma outra estação***
24	13 – "Mariane"	**1997 – *Uma outra estação***
25	"Mariane II"	**
26	"Boomerang blues"	**2003 – *Presente***
27	"Apóstolo de São João"	***
28	"Medieval"	****
29	"Vício moderno"	*****

Casos à parte:

"Sagrado coração" – letra que consta de "Uma outra estação"

Parcerias:

"Mais uma vez" – Renato Russo e Flavio Venturini

"Soul Parsifal" (Celeste) – Renato Russo e Marisa Monte

Força
sempre!

Rousseau Renato o Manfredini Renato o Cancionista Renato o Russ
enato o Rousseau Renato o Manfredini Renato o Cancionista Renat
Manfredini Renato o Cancionista Renato o Russo Renato o Russel R
Renato o Manfredini Renato o Russo Renato o Russel Renato o M
Cancionista Renato o Russo Renato o Russel Renato o Rousseau Re
Renato o Manfredini Renato o Cancionista Renato o Russo Renato
Rousseau Renato o Manfredini Renato o Cancionista Renato o Russ
Renato o Manfredini Renato o Cancionista Renato o Russo Renato
Rousseau Renato o Manfredini Renato o Cancionista Renato o Russ
enato o Manfredini Renato o Cancionista Renato o Russo Renato o R
au Renato o Manfredini Renato o Cancionista Renato o Russo Renat
Rousseau Renato o Manfredini Renato o Cancionista Renato o Russ
ato o Manfredini Renato o Cancionista Renato o Russo Renato o Ru
Renato o Manfredini Renato o Cancionista Renato o Russo Renato
Rousseau Renato o Manfredini a Renato o Russo Renato o Russel R
Renato o Manfredini Renato o Cancionista Renato o Russo Renato
Rousseau Renato o Manfredini Renato o Cancionista Renato o Russ
enato o Rousseau Renato o Manfredini Renato o Cancionista Renato
Russel Renato o Rousseau Renato o Manfredini Renato o Cancionis
enato o Rousseau Renato o Manfredini Renato o Cancionista Renato
Russel Renato o Rousseau Renato o Manfredini Renato o Cancionis
nato o Russel Renato o Rousseau Renato o Manfredini Renato o Can
Russo Renato o Russel Renato o Rousseau Renato o Manfredini Ren
enato o Russo Renato o Russel Renato o Rousseau Renato o Manfre
nista Renato o Russo Renato o Russel Renato o Rousseau Renato o
Cancionista Renato o Russo Renato o Russel Renato o Rousseau Re

Apoio cultural

Tertúlia
Desde 1987, a maior e mais completa grife de produtos literários do Brasil.
ttla.com.br
Instagram.com/tertulia.artesanato

Reconexões
Paz nas suas relações
"Vivenciar as suas relações com mais leveza e contentamento é possível"
www.reconexoes.org
Instagram.com/re_conexoes

Banda Monte Castelo
Desde 2009 representando o legado da Legião Urbana ao vivo
Contato para shows: (11) 97593-4783
Instagram.com/montecasteloofícial

IVV SwineBar
Desde 2015, o primeiro wine bar de Brasília com Um conceito mais descolado e para democratizar o consumo de vinhos.
Instagram.com/ivv_loja_clube_swinebar
www.ivvswinebar.com.BR

Mari Pereiras|Criação e Arte
Desenvolvimento de Identidade Visual
Instagram.com/maripereiras.criacaoearte

Esta obra foi impressa em
Garamond Pro e Hollaboi Free.
Capa em papel Supremo 250g,
miolo em papel Pólen Bold 70g
16 cm de largura x 23 cm de altura